솔로몬 필사 낭독

BOOK **1** The Way to Be Wise

솔로몬 필사 낭독
BOOK **❶** The Way to Be Wise

초판발행일 2022년 7월 5일

지은이 박광희
펴낸이 배수현
표지디자인 유재헌
내지디자인 박수정
제 작 송재호
홍 보 배예영
물 류 이슬기

펴낸곳 가나북스 www.gnbooks.co.kr
출판등록 제393-2009-000012호
전 화 031) 959-8833
팩 스 031) 959-8834

ISBN 979-11-6446-058-8(04230)
     979-11-6446-057-1(04230) 세트

The way to be wise

Book 01

잠언을 **쉬운영어**로 필사하고 낭독하기

솔로몬
필사
낭독

대한민국
Republic of Korea

가나
Ghana

그레나다
Grenada

그리스
Greece

그린란드
Greenland

나미비아
Namibia

나이지리아
Nigeria

남아프리카공화국
South Africa

네덜란드
Netherlands

네팔
Nepal

노르웨이
Norway

니카라과
Nicaragua

뉴질랜드
New Zealand

대만
Taiwan

덴마크
Denmark

도미니카공화국
Dominican Republic

독일
Germany

동티모르
East Timor

라오스
Laos

러시아
Russia

레바논
Lebanon

르완다
Rwanda

리히텐슈타인
Liechtenstein

마다가스카르
Madagascar

마셜제도
Marshall Islands

마카오
Macau

말레이시아
Malaysia

말리
Mali

멕시코
Mexico

모로코
Morocco

몰타
Malta

몰디브
Maldives

몽골
Mongolia

미국
United States of America(USA)

미얀마
Myanmar

방글라데시
Bangladesh

바베이도스
Barbados

베트남
Vietnam

북한
North Korea

베네수엘라
Venezuela

벨기에
Belgium

베냉
Benin

보츠와나
Botswana

보스니아헤르체고비나
Bosnia and Herzegovina

볼리비아
Bolivia

브라질
Brazil

브루나이
Brunei

사우디아라비아
Saudi Arabia

세이셸
Seychelles

세네갈
Senegal

세인트루시아
Saint Lucia

수단
Sudan

소말리아
Somalia

솔로몬제도
Solomon Islands

스리랑카
Sri Lanka

스웨덴
Sweden

스위스
Switzerland

스코틀랜드
Scotland

스페인
Spain

슬로바키아
Slovakia

시리아
Syria

싱가포르
Singapore

아랍에미리트
United Arab Emirates

아루바
Aruba

아르헨티나
Argentine

아이슬란드
Iceland

아일랜드
Ireland

영국
United Kingdom(UK)

에티오피아
Ethiopia

에스토니아
Estonia

우루과이
Uruguay

우크라이나
Ukraine

오만
Oman

오스트레일리아
Australia

오스트리아
Austria

요르단
Jordan

온두라스
Honduras

이라크
Iraq

이스라엘
Israel

인도
India

이란
Iran

이집트
Egypt

이탈리아
Italy

인도네시아
Indonesia

일본
Japan

자메이카
Jamaica

중국
China

중앙아프리카 공화국
Central African Republic

조지아
Georgia

차드
Chad

체코
Czech

칠레
Chile

키리바시
Kiribati

키르기스스탄
Kyrgyzstan

카자흐스탄
Kazakhstan

카탈로니아
Catalonia

캄보디아
Cambodia

캐나다
Canada

케냐
Kenya

쿠바
Cuba

쿠웨이트
Kuwait

크로아티아
Croatia

타지키스탄
Tajikistan

탄자니아
Tanzania

태국
Thailand

터키
Turkey

튀니지
Tunisia

토고
Togo

통가
Tonga

파나마
Panama

파키스탄
Pakistan

팔라우
Palau

페루
Peru

포르투갈
Portugal

폴란드
Poland

프랑스
France

핀란드
Finland

필리핀
Philippines

헝가리
Hungary

홍콩
Hong Kong

영어와 믿음 그리고 지혜를 하나로!

IIIIIIIIIIIIIIIIIIIIIIIIIIIIIIIIIIIIIIIIIIIIIIIIIIIIIIIIIIIIIIIIIIIIIIIIIIIIIIIIIIIIIIIIIIIIIIIIIIIIII

■ NIrV 잠언 = 실용영어 + 믿음 + 지혜

영어 공부와 성경 읽기의 공통점

영어 공부와 성경 읽기의 공통점이 무엇일까요?
둘 다 꾸준한 실천을 바탕으로 한다는 겁니다.

"왜 사람들은 믿음과 영어를 조화시키려는 노력을 하지 않을까?"
이것은 크리스천인 필자가 늘 골똘히 생각하는 화두입니다. 바로 이 화두가 이 책을 탄생시켰습니다.

믿음은 꾸준한 성경 읽기가 그 바탕을 이룹니다.
많은 크리스천들이 '성경을 매일 꾸준히 읽어야지!'라는 결심을 하죠. 그런데 대개 작심삼일로 끝나기 일쑤입니다.

'그럼 성경 읽기에 영어 공부를 접목시킨다면 무언가 꾸준히 실천할 수 있는 동기부여가 되지 않을까? 영어 성경을 꾸준히 읽는다면 믿음과 영어라는 두 마리 토끼를 잡을 수 있을텐데…….'

영어 성경을 읽을 때 갖게 되는 두 가지 궁금증

"영어 성경을 한번 읽어 보세요."라고 사람들에게 권하면 이렇게 되묻습니다.

"성경 66권 중 어떤 것부터 읽으면 될까요?"
"어떤 영어 성경책이 가장 좋나요?"

성경책이 두껍고 또 지루한 내용들도 많다 보니, 성경 66권 중에서 제일 먼저 읽을만한 것을 추천해달라는 마음이 충분히 이해가 됩니다. 이때 필자는 주저없이 잠언(Proverbs)을 추천합니다. 잠언은 믿음을 키울 뿐 아니라 삶의 지혜를 얻을 수 있기 때문이죠.

지혜란 히브리어로 '살아가는 기술'이라고 합니다. 성경의 잠언은 유대인들의 지혜의 원천으로, 크리스천의 경계를 뛰어 넘어 모든 현대인들의 필독서가 된지 오래입니다. 또 신앙인이자 생활인이기도 한 평신도 크리스천에게 꼭 필요한 실용적인 교훈들을 담고 있죠. 실제로 잠언은 한국 크리스천들이 성경에서 가장 즐겨 읽는 책이기도 합니다.

한편, 영어 성경책 추천은 사정이 좀 복잡합니다.
한글 성경에도 여러 번역본이 있듯이, 영어 성경에도 다양한 번역본이 있습니다. 마치 셰익스피어 문학 작품처럼 고어로 쓰인 성경부터 현대 영어로 쓰인 성경에 이르기까지 무척 다양합니다. 그 중 원어민들이 즐겨 보고 또 국제적으로도 권위를 인정받는 영어 성경책은 NIV(New International Version) Bible입니다. 제가 캐나다 이민 시절 다니던 현지 교회에서도 NIV Bible을 사용했습니다. NIV Bible은 구어체와 실용적 요소를 많이 가미하여 현대 감각에 맞는 영어로 쓰였기 때문에 영어 공부하기에 안성맞춤입니다.

성인용 NIV Bible
vs.
키즈용 NIrV Bible

그런데 NIV Bible로 영어 성경 읽기를 하는 사람들을 보면서 한 가지 의문이 들었습니다. 다름 아니라 '우리같은 EFL(English as a Foreign Language) 학습자에게 과연 어울리는 실용적인 영어 성경책일까?'라는 거죠. Reading 관점에서 보자면 NIV Bible은 훌륭합니다. 하지만 한국인들의 고질병인 Speaking 즉 말하기 관점에서 보면 한계가 느껴집니다. 즉 NIV Bible의 영어 문장들을 일상 대화에서 사용하기에는 다소 무리가 있다는 말입니다. 독해영어가 아닌 실용영어 관점에서는 문제가 약간 있다는 얘기죠.

이에 필자는 나름 열심히 대안을 찾아보았습니다. 그러던 중 NIrV(New International Reader's Version) Bible에서 희망을 발견하였습니다. NIV Bible이 '성인용'이라면, NIrV Bible은 '어린이용' 즉 NIV 키즈 버전에 해당합니다. 즉 NIrV Bible은 NIV Bible과 내용면에서는 같으나 단지 어휘 수준과 문장 길이 등을 어린이 눈높이에 맞춰 쉬운 영어로 번역해놓은 겁니다. 그런데 이것이 우리처럼 영어를 외국어로 배우는 학습자에게는 오히려 장점으로 작용합니다. 그러니까 NIrV Bible은 일상 대화에서도 쓸 수 있는 실용영어를 익히기에 매우 적합한 학습 도구인 셈이죠.

필사+낭독으로
실용영어, 믿음,
지혜를 동시에!

이런 이유로 이 책에서는 성경 잠언의 원문을 NIrV Bible에서 발췌, 수록하였습니다. 또 자연스런 우리말 번역과 '개역개정판' 한글 성경 번역을 함께 실어, 영어뿐만 아니라 우리말로도 비교하며 잠언의 의미를 깊이 음미할 수 있도록 구성하였습니다.

여러분이 이 책을 가지고 필사와 낭독을 꾸준히 실천한다면 영어 말문이 열리는 감동을 경험함과 동시에 굳건한 믿음과 삶의 지혜를 체득하게 될 것입니다. 분명 실용영어와 믿음, 그리고 지혜라는 일석삼조의 효과를 얻으리라 믿습니다.

영어와 믿음은 이론이 아니라 실천입니다!
그리고 매일 하면 위대해집니다!

■ 필사+낭독으로 잠언(Proverbs) 마음판에 새기기

머리 이해 영어에서
손·입 활용 영어로!

우리나라의 영어 교육은 철저히 '머리 중심'입니다. 즉 이해하고 문제를 푸는데 초점이 맞춰져 있죠. '입'과 '손'은 찬밥 신세입니다. 이렇듯 말하고 쓰는 실용영어 교육을 소홀히 한 결과, 영어 불통자라는 초라한 영어 성적표를 받아들게 되었죠.

머리로 익힌 영어가 입으로 나오기까지 어쩜 그리 오래 걸리는지요. 이제는 머리에서만 맴돌고 입으로는 더듬거리는 소모적인 영어 학습과 이별할 때가 되었습니다.

자, 이제 머리 중심의 영어 공부를 과감히 버리세요.
그리고 그 빈자리에 입과 손 중심의 영어 공부를 가득 채워 넣으세요.
구체적으로 말해, 영어 성경의 잠언(Proverbs)을 '손'으로 필사하고, '입'을 열어 낭독하면서 영어 벙어리 탈출의 꿈을 이뤄보세요!

필사와 낭독으로
몸이 기억하는
영어 말하기 훈련

영어 말하기는 학습이 아니라 훈련입니다. 그리고 훈련은 '머리'가 아니라 '몸'으로 하는 것입니다. 그러니까 영어 문장을 손으로 쓰고 입으로 말하면서 몸이 기억하게 만들어야 합니다. 필사와 낭독이 영어 학습의 기본이자 핵심이 되어야 합니다.

'19단 외우기'가 시작된 인도의 초·중·고교에서는 IT 기술이 판치는 요즘도 학생들이 몸을 흔들며 큰 소리로 말하면서 지식을 쌓아가는 전통을 고수한다고 합니다. 그렇다고 무턱대고 하는 건 아닙니다. 학생들은 먼저 내용을 이해한 후, 그 다음에 큰 소리로 말하며 암송에 들어갑니다. 그리고 나서는 외운 내용을 토론한다고 합니다. 배운 내용을 연관 지어 활용할 수 있는 능력 배양을 최종 목표로 삼는 거죠.

어릴 때 자전거를 배운 사람은 오래동안 자전거를 타지 않고 어른이 되어도, 그리 어렵지 않게 다시 탈 수 있습니다. 수영이나 스키도 마찬가지입니다. 한번 배워두면 시간이 흘러도 수영하는 법이나 스키 타는 법을 잊지 않습니다. 그래서 흔히 이런 말을 하죠.

몸으로 배운 것은 결코 잊혀지지 않는다!

영어 학습 역시 마찬가지입니다.
손으로 필사하고 입을 열어 낭독을 하면서 영어 문장을 몸에 기억시켜놓으면, 시간이 흐르면서 어느 정도 잊힐지는 몰라도 조금만 다시 해보면 금세 기억이 되살아 나죠.

하나님의 음성을 듣는 방법

"하나님의 음성을 들었어요!"라고 말하는 크리스천을 종종 만나게 됩니다. 그때마다 '정말 하나님이 우리의 귀에 대고 직접 말씀을 해주실까'라는 의구심을 떨칠 수 없습니다. 물론 크리스천이라면 누구나 하나님의 음성을 듣고 싶은 마음이 간절합니다. 그럼 어떻게 하면 하나님의 음성을 들을 수 있을까요?

저는 개인적으로 삶의 순간마다 지혜와 힘을 얻을 수 있는 귀한 성경 구절들을 마음속 깊이 새겨놓는 것이 하나님의 음성을 듣는 방법 가운데 하나라고 생각합니다. 이렇게 하면 기도나 묵상을 할 때, 성령님이 마음 판에 새겨진 성경 구절들을 통해 우리의 마음을 감동케 하여 결국 그 상황에서 하나님이 바라시는 바, 즉 하나님의 음성을 간접적으로 듣게 하시지 않을까요?

자, 그럼 대화체 실용영어를 익히기에 딱 좋은 쉬운 영어 성경책인 NIrV Bible의 잠언 문장을 필사와 낭독을 통해 몸에 기억시키고 마음판에 새겨 보세요. 그러면 실용영어와 믿음, 그리고 지혜를 동시에 얻는 일석삼조의 효과를 몸소 경험하게 될 겁니다.

Just do it!
영어 학습 뿐아니라 삶의 최고의 지혜는 실천입니다.

'영어 유창성은 입과 손으로 영어를 쓰고 말하는 시간에 비례한다!'
이것은 영어회화 불변의 법칙입니다.

■ [잠언 로드맵] 잠언의 뼈대를 한 눈에 파악하기

Part ❶
The Way to Be Wise

01장 Prologue: Purpose and Main Point
머리말: 잠언의 목적과 요점

02장 Good things come from wisdom
좋은 것들은 지혜에서 나온다

03장 More good things come from wisdom
더 많은 좋은 것들이 지혜에서 나온다

04장 Wisdom is best
지혜가 최고다

05장 A warning against adultery
간음에 대한 경고

06장 Warnings against foolish acts
어리석은 행동들에 대한 경고

07장 Keep you from a woman who commits adultery
간음을 범하는 여인을 멀리 하라

08장 Wisdom is worth more than anything
지혜가 어느 것보다 값지다

09장 Wisdom will reward you
지혜가 너에게 보답할 것이다

Part ❷
King Solomon's Wise Words

10장 The proverbs of Solomon
솔로몬의 잠언

11장 When pride comes, shame follows
교만하면 수치가 따른다

12장 Truthful words last forever
진실한 말은 영원히 남는다

13장 Work hard and do right
열심히 일하고 의를 행하라

14장 Respect for the Lord
주님을 공경하라

15장 The Lord sees everything
주님께서 모든 걸 보고 계신다

16장 Control your temper
성내지 말고 참아라

17장 The Lord tests our hearts
주님께서 우리 마음을 시험하신다

18장 Don't answer before listening
다 듣기 전에 대답하지 말라

19장 Listen to advice
충고에 귀를 기울여라

■ 쉬운 영어성경 NIrV로 잠언 낭독 실천하기

"오늘 부터 NIrV Bible로 영어낭독을 실천해야지! 아자~ 아자~~"
이렇듯 굳게 결심을 하여도 **혼자** 하면 대개 **작심삼일**로 끝납니다.
하지만 여러 사람과 **함께** 하면 작심삼일을 **작심백일**로 연장할 수 있죠.
다음은 서로 댓글로 응원하고 격려하며 함께 영어낭독을 실천하는 방법입니다.

**네이버카페에
녹음파일 올리며
함께 영어낭독
실천하는 법**

▷ 낭독실천가이드

1. **[낭독녹음·저장]**

   핸드폰에서 음성녹음 아이콘을 찾아 클릭 후,
   시작버튼을 눌러 낭독녹음을 하고 저장한다.

2. **[네이버카페 접속]**

   영어낭독학교 카페 접속 후,
   [낭독실천방]의 '01~100일 실천' 메뉴를 선택한다.

3. **[글쓰고 녹음파일 업로드]**

   화면에서 글쓰기 아이콘을 클릭하여,
   제목과 낭독소감을 짧게 입력하고,
   파일 아이콘을 클릭하여
   핸드폰에 저장된 낭독녹음파일을 업로드한다.

4. **[댓글달기]**

   다른 사람들의 낭독녹음에 댓글을 달고 응원 격려한다!

STEP 1.

STEP 2.

STEP 3.

STEP 4.

STEP 5.

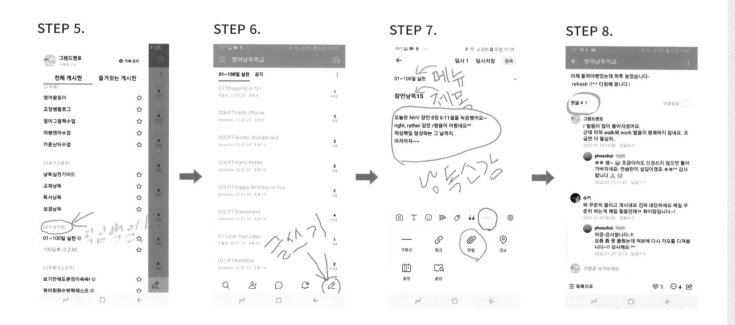

STEP 6.

STEP 7.

STEP 8.

■ QR코드로 AI원어민 녹음파일 다운받기

AI원어민 녹음의 장점

1. 다양한 남여 원어민 음성
미국과 영국의 다양한 남녀 원어민 목소리로 들려준다.

2. 의미덩어리 끊어읽기
의미덩어리 끊어읽기를 하며 친절히 문장을 읽어줘요!

QR코드로 AI원어민 녹음파일 다운받는 방법

▷ QR코드로
  AI원어민 녹음파일
  다운받기 샘플

1. [QR코드 스캔 가능한 앱 실행]
폰에서 QR코드를 스캔하는 곳을 찾아 실행한다.

2. [QR코드 촬영하기]
폰 화면을 'AI원어민 녹음파일'이라고 쓰인 QR코드에 맞춘다.

※ 왼쪽의 'QR코드로 AI원어민 녹음파일 다운받기 샘플'로 연습해보세요.

3. [팝업창 또는 파란색 링크 제목 클릭]
화면에 뜨는 **팝업창**을 클릭하거나 파란색 링크 제목을 누른다.

4. [mp3 파일 다운 받기 완료!]
AI원어민이 녹음한 **NIrV 잠언의 mp3 파일**을 다운받을 수 있다!

AI원어민 녹음파일 활용법

1. 듣고 따라하기
먼저 AI원어민 발음을 **주의 깊게 듣고**, **흉내내듯 낭독**한다.

2. 자투리 시간 활용하기
하루 중 **'자투리' 시간을 활용**해 짬짬이 AI원어민 녹음을 듣는다.

The way to be wise

Book 01

잠언을 쉬운영어로 필사하고 낭독하기

솔로몬
필사
낭독

1장

Prologue:
Purpose and
Main Point

머리말: 잠언의 목적과 요점

1:1-4 **Proverbs teach wisdom**
잠언은 지혜를 알게한다

▷ AI원어민 녹음파일

- proverb
  속담, 잠언
- instruct
  가르치다, 훈육하다
- good sense
  분별(함), 분별력
- understanding
  이해, 깨달음, 명철
- those who ~
  ~하는 사람들, ~하는 자들

NIrV 영어원문   ※ /는 낭독을 할 때 의미덩어리 끊어읽기를 하는 곳

1   These are / the proverbs of Solomon.
    He was the son of David / and the king of Israel.

2   Proverbs / teach you wisdom / and instruct you.
    They help you understand / wise sayings.

3   They provide you / with instruction / and help you / live wisely.
    They lead to / what is right / and honest / and fair.

4   They give understanding / to childish people.
    They give knowledge / and good sense / to those / who are young.

NIrV 한글번역

¹ 이것은 솔로몬의 잠언이다. 그는 다윗의 아들이며 이스라엘 왕이었다. ² 잠언은 네게 지혜를 가르치고, 너를 훈육한다. 또 네가 지혜로운 말들을 이해하는 걸 돕는다. ³ 잠언은 네게 가르침을 주고, 네가 지혜롭게 살도록 도와준다. 또 올바르고, 정직하고, 공평한 길로 인도한다. ⁴ 잠언은 철없는 사람들에겐 깨달음을, 젊은이들에겐 지식과 분별함을 준다.

개역개정판 성경

¹ 다윗의 아들 이스라엘 왕 솔로몬의 잠언이라 ² 이는 지혜와 훈계를 알게 하며 명철의 말씀을 깨닫게 하며 ³ 지혜롭게, 공의롭게, 정의롭게, 정직하게 행할 일에 대하여 훈계를 받게 하며 ⁴ 어리석은 자를 슬기롭게 하며 젊은 자에게 지식과 근신함을 주기 위한 것이니

■ 영어필사노트

■ 영어낭독실천

▷ 낭독실천가이드

☑ 순서

낭독녹음 저장   카페 접속   녹음파일 업로드   응원댓글달기

☑ Check-Up   ☐ 녹음파일 업로드   ☐ 응원댓글달기

Begin by having respect for the Lord
주님을 공경하는 것부터 시작하라

▷ AI원어민 녹음파일

VOCA
CHECK

- riddle
  수수께끼
- gain
  얻다
- respect
  존경, 공경
- instruction
  훈계, 훈육
- advice
  충고
- turn away from
  외면하다, 멀리하다

NIrV 영어원문   ※ /는 낭독을 할 때 의미덩어리 끊어읽기를 하는 곳

5   Let wise people listen / and add / to what they have learned.
    Let those / who understand what is right / get guidance.

6   What I'm teaching / also helps you understand / proverbs and stories.
    It helps you understand / the sayings and riddles / of those / who are wise.

7   If you really want to / gain knowledge, / you must begin / by having respect for the Lord.
    But foolish people / hate wisdom / and instruction.

8   My son, / listen to your father's advice.
    Don't turn away / from your mother's teaching.

NIrV 한글번역

⁵ 지혜로운 사람들은 듣고 배운 것을 더하라. 옳은 것이 뭔지를 깨달아 아는 사람들은 인도함을 받으라. ⁶ 내가 가르치는 것은 또 네가 잠언과 이야기들을 깨달아 알게 돕는다. 그것은 네가 지혜로운 사람들의 말과 수수께끼들을 깨달아 알게 도와준다. ⁷ 정말로 지식을 얻고 싶다면 주님을 공경하는 것부터 시작해야 한다. 그러나 어리석은 사람들은 지혜와 훈계를 싫어한다. ⁸ 내 아들아, 아버지의 충고를 들어라. 어머니의 가르침을 외면하지 마라.

개역개정판 성경

⁵ 지혜 있는 자는 듣고 학식이 더할 것이요 명철한 자는 지략을 얻을 것이라 ⁶ 잠언과 비유와 지혜 있는 자의 말과 그 오묘한 말을 깨달으리라 ⁷ 여호와를 경외하는 것이 지식의 근본이거늘 미련한 자는 지혜와 훈계를 멸시하느니라 ⁸ 내 아들아 네 아비의 훈계를 들으며 네 어미의 법을 떠나지 말라

■ 영어필사노트

■ 영어낭독실천

Don't give in to sinful men
악인들에게 굴복하지 마라

▷ AI원어민 녹음파일

- decorate
  장식하다
- sinful
  악한
- tempt
  유혹하다, 꾀다
- give in
  굴복하다
- harmless
  악의/죄 없는
- swallow
  삼키다
- grave
  무덤
- pit
  구덩이

NIrV 영어원문   ※ /는 낭독을 할 때 의미덩어리 끊어읽기를 하는 곳

9   What they teach you / will be like a beautiful crown / on your head.
    It will be like a chain / to decorate your neck.

10 My son, / if sinful men tempt you, / don't give in / to them.

11 They might say, / "Come along with us.
    Let's hide and wait / to kill someone / who hasn't done anything wrong.
    Let's catch / some harmless person / in our trap.

12 Let's swallow them / alive, / as the grave does.
    Let's swallow them / whole, / like those / who go down into the pit.

NIrV 한글번역

9 그들이 네게 가르치는 것은 머리 위의 아름다운 왕관과 같으리라. 그것은 목을 장식하는 목걸이와 같으리라. 10 내 아들아, 악인들이 너를 유혹하더라도 굴복하지 마라. 11 그들이 이렇게 말할 것이다. "우리와 함께 가자. 숨어서 기다렸다가 아무 잘못도 하지 않은 사람을 죽이자. 우리 함정에 아무 죄도 없는 사람을 잡아넣자. 12 무덤이 그러하듯이 그들을 산 채로 삼키자. 구덩이에 들어가는 자들처럼 그들을 통째로 삼키자.

개역개정판 성경

9 이는 네 머리의 아름다운 관이요 네 목의 금 사슬이니라 10 내 아들아 악한 자가 너를 꾈지라도 따르지 말라 11 그들이 네게 말하기를 우리와 함께 가자 우리가 가만히 엎드렸다가 사람의 피를 흘리자 죄 없는 자를 까닭 없이 숨어 기다리다가 12 스올 같이 그들을 산 채로 삼키며 무덤에 내려가는 자들 같이 통으로 삼키자

■ 영어필사노트

_(빈 줄 노트 공간)_

■ 영어낭독실천

▷ 낭독실천가이드

☑ 순서

낭독녹음 저장 → 카페 접속 → 녹음파일 업로드 → 응원댓글달기

☑ Check-Up   ☐ 녹음파일 업로드   ☐ 응원댓글달기

1:13-17 Don't go along with sinners
악인들과 함께 다니지 마라

▷ AI원어민 녹음파일

VOCA CHECK

- valuable
  귀한, 소중한
- cast lots
  제비를 뽑다
- go along with
  함께 다니다
- path
  길
- spill
  흘리다
- spread a net
  그물을 치다/펴다

NIrV 영어원문   ※ /는 낭독을 할 때 의미덩어리 끊어읽기를 하는 곳

13 We'll get / all kinds of valuable things.
    We'll fill our houses / with what we steal.

14 Cast lots / with us / for what they own.
    We'll share / everything we take / from them."

15 My son, / don't go along with them.
    Don't / even set your feet / on their paths.

16 They are always / in a hurry / to sin.
    They are quick / to spill someone's blood.

17 How useless it is / to spread a net / where every bird can see it!

NIrV 한글번역

¹³ 온갖 귀한 것들을 얻게 될 것이다. 우리가 훔친 것으로 집들을 채우리라. ¹⁴ 그들이 소유한 것을 위해 함께 제비를 뽑자. 그들에게서 얻은 모든 것들을 함께 나누리라. ¹⁵ 내 아들아, 그들과 함께 다니지 마라. 그들의 길에 발을 들이지도 마라. ¹⁶ 그들은 항상 죄 짓는 일에 서두른다. 재빨리 누군가의 피를 흘린다. ¹⁷ 모든 새가 볼 수 있는 곳에 그물을 펴는 것이 얼마나 쓸모 없는 일인가!

개역개정판 성경

¹³ 우리가 온갖 보화를 얻으며 빼앗은 것으로 우리 집을 채우리니 ¹⁴ 너는 우리와 함께 제비를 뽑고 우리가 함께 전대 하나만 두자 할지라도 ¹⁵ 내 아들아 그들과 함께 길에 다니지 말라 네 발을 금하여 그 길을 밟지 말라 ¹⁶ 대저 그 발은 악으로 달려가며 피를 흘리는 데 빠름이니라 ¹⁷ 새가 보는 데서 그물을 치면 헛일이겠거늘

■ 영어필사노트

■ 영어낭독실천

☑ 순서

낭독녹음 저장 → 카페 접속 → 녹음파일 업로드 → 응원댓글달기

▷ 낭독실천가이드

☑ Check-Up ☐ 녹음파일 업로드 ☐ 응원댓글달기

Don't go after money in the wrong way
잘못된 방법으로 돈을 쫓지 마라

▷ AI원어민 녹음파일

- hide
  숨다
- trap
  덫, 함정
- take away
  앗아가다
- raise one's voice
  목소리를 높이다
- out in the open
  야외에서
- call out
  외치다

NIrV 영어원문

※ /는 낭독을 할 때 의미덩어리 끊어읽기를 하는 곳

18 Those / who hide and wait / will spill their own blood.
They will be caught / in their own trap.

19 That's what happens / to everyone / who goes after money / in the wrong way.
That kind of money / takes away the life / of those / who get it.

20 Out in the open / wisdom calls out.
She raises her voice / in a public place.

21 On top of the city wall / she cries out.
Here is / what she says / near the gate of the city.

NIrV 한글번역

18 숨어서 기다리는 자들은 자신의 피를 흘리게 될 거다. 그들은 자신의 함정에 빠지게 되리라. 19 그것이 잘못된 방법으로 돈을 쫓는 자들이 모두 겪는 일이다. 그런 돈은 그것을 얻는 사람들의 목숨을 앗아간다. 20 야외에서 지혜가 외친다. 공공 장소에서 목소리를 높인다. 21 성벽 위에서 부르짖는다. 성문 근처에서 이렇게 말한다.

개역개정판 성경

18 그들이 가만히 엎드림은 자기의 피를 흘릴 뿐이요 숨어 기다림은 자기의 생명을 해할 뿐이니 19 이익을 탐하는 모든 자의 길은 다 이러하여 자기의 생명을 잃게 하느니라 20 지혜가 길거리에서 부르며 광장에서 소리를 높이며 21 시끄러운 길목에서 소리를 지르며 성문 어귀와 성중에서 그 소리를 발하여 이르되

■ 영어필사노트

■ 영어낭독실천

▷ 낭독실천가이드

☑ 순서

낭독녹음 저장 → 카페 접속 → 녹음파일 업로드 → 응원댓글달기

☑ Check-Up ☐ 녹음파일 업로드 ☐ 응원댓글달기

1:22-25 Pay attention to my warning
내 경고에 귀 기울여라

▷ AI원어민 녹음파일

VOCA CHECK

- **childish**
  어린애 같은, 철 없는
- **rude**
  무례한
- **make fun of**
  조롱하다, 비웃다
- **pay attention to**
  귀/주의를 기울이다
- **pour out**
  쏟아붓다
- **refuse**
  거부하다

NIrV 영어원문　　　　　　　　　　　※ /는 낭독을 할 때 의미덩어리 끊어읽기를 하는 곳

22　"How long / will you childish people / love your childish ways?
How long / will you rude people / enjoy making fun of / God and others?
How long / will you foolish people / hate knowledge?

23　Pay attention / to my warning!
Then / I will pour out / my thoughts to you.
I will make known to you / my teachings.

24　But / you refuse to listen / when I call out to you.
No one pays attention / when I reach out my hand.

25　You turn away / from all my advice.
And / you do not accept / my warning.

NIrV 한글번역

²² "너희 철부지들아 언제까지 철없는 길을 사랑하려느냐? 너희 무례한 자들아 언제까지 하나님과 다른 이들을 조롱하는 걸 즐기려느냐? 너희 어리석은 자들아 언제까지 지식을 싫어하려느냐? ²³ 내 경고에 귀 기울여라! 그러면 내 생각을 너희에게 쏟아부으리라. 내 가르침을 너희에게 알게 하리라. ²⁴ 그러나 내가 너희를 부를 때 너희는 듣기를 거부한다. 내가 손을 내밀 때 아무도 관심을 가지지 않는다. ²⁵ 너희는 나의 모든 충고를 외면한다. 그리고 내 경고를 받아들이지 않는다.

개역개정판 성경

²² 너희 어리석은 자들은 어리석음을 좋아하며 거만한 자들은 거만을 기뻐하며 미련한 자들은 지식을 미워하니 어느 때까지 하겠느냐 ²³ 나의 책망을 듣고 돌이키라 보라 내가 나의 영을 너희에게 부어 주며 내 말을 너희에게 보이리라 ²⁴ 내가 불렀으나 너희가 듣기 싫어하였고 내가 손을 폈으나 돌아보는 자가 없었고 ²⁵ 도리어 나의 모든 교훈을 멸시하며 나의 책망을 받지 아니하였은즉

■ 영어필사노트

■ 영어낭독실천

▷ 낭독실천가이드

☑ 순서

낭독녹음 저장 → 카페 접속 → 녹음파일 업로드 → 응원댓글달기

☑ Check-Up   ☐ 녹음파일 업로드   ☐ 응원댓글달기

You will look for me, but you won't find me
나를 찾아도 너희는 나를 찾지 못하리라

▷ AI원어민 녹음파일

VOCA CHECK

· laugh at
비웃다
· suffering
고통
· windstorm
폭풍(우)
· look for
찾다

NIrV 영어원문

※ /는 낭독을 할 때 의미덩어리 끊어읽기를 하는 곳

26 So / I will laugh at you / when you are in danger.
I will make fun of you / when hard times come.

27 I will laugh / when hard times hit you / like a storm.
I will laugh / when danger comes your way / like a windstorm.
I will make fun of you / when suffering and trouble / come.

28 "Then / you will call to me. But / I won't answer.
You will look for me. But / you won't find me.

29 You hated knowledge.
You didn't choose / to have respect for the Lord.

NIrV 한글번역

26 그러므로 너희가 위험에 처할 때 내가 너를 비웃으리라. 어려운 일이 닥칠 때 너희를 조롱하리라. 27 힘든 일이 폭풍처럼 덮칠 때 비웃으리라. 위험이 폭풍우처럼 너희에게 올 때도 비웃으리라. 고통과 괴로움이 올 때도 너희를 비웃으리라. 28 "그러면 너희는 나를 부를 것이다. 그러나 나는 응답하지 않으리라. 나를 찾을 것이다. 하지만 너희는 나를 찾지 못하리라. 29 너희는 지식을 싫어했다. 주님을 공경하기로 선택하지도 않았다.

개역개정판 성경

26 너희가 재앙을 만날 때에 내가 웃을 것이며 너희에게 두려움이 임할 때에 내가 비웃으리라 27 너희의 두려움이 광풍 같이 임하겠고 너희의 재앙이 폭풍 같이 이르겠고 너희에게 근심과 슬픔이 임하리니 28 그 때에 너희가 나를 부르리라 그래도 내가 대답하지 아니하겠고 부지런히 나를 찾으리라 그래도 나를 만나지 못하리니 29 대저 너희가 지식을 미워하며 여호와 경외하기를 즐거워하지 아니하며

■ 영어필사노트

_____
_____
_____
_____
_____
_____
_____
_____
_____
_____
_____
_____
_____
_____
_____
_____
_____
_____
_____
_____

■ 영어낭독실천

▷ 낭독실천가이드

☑ 순서

낭독녹음 저장 → 카페 접속 → 녹음파일 업로드 → 응원댓글달기

☑ Check-Up   ☐ 녹음파일 업로드   ☐ 응원댓글달기

You will eat the fruit of what you have lived
너희가 지금껏 살아온 것의 열매를 먹게 되리라

▷ AI원어민 녹음파일

NIrV 영어원문   ※ /는 낭독을 할 때 의미덩어리 끊어읽기를 하는 곳

30 You wouldn't accept / my advice.
    You turned your backs / on my warnings.

31 So / you will eat the fruit / of the way / you have lived.
    You will choke on the fruit / of what you have planned.

32 "The wrong path / that childish people take / will kill them.
    Foolish people will be destroyed / by being satisfied / with the way they live.

33 But those who listen to me / will live in safety.
    They will be at ease / and have no fear / of being harmed."

VOCA CHECK

· turn one's back on ~
  ~에 등을 돌리다
· warning
  경고
· choke on ~
  ~에 질식하다
· safety
  안전
· ease
  편안함
· fear
  두려움, 염려

NIrV 한글번역

30 너희는 내 충고를 받아들이지 않을 것이다. 내 경고에 등을 돌렸다. 31 그러므로 너희가 지금껏 살아온 방식대로 열매를 먹게 되리라. 너희가 계획한 것의 열매에 숨이 막히리라. 32 "철부지들이 가는 잘못된 길이 그들을 죽이리라. 어리석은 자들은 자기가 사는 방식에 만족함으로 멸망하리라. 33 그러나 내 말을 듣는 사람들은 안전하게 살리라. 그들은 걱정이 없고 해를 입을 염려도 없으리라.

개역개정판 성경

30 나의 교훈을 받지 아니하고 나의 모든 책망을 업신여겼음이니라 31 그러므로 자기 행위의 열매를 먹으며 자기 꾀에 배부르리라 32 어리석은 자의 퇴보는 자기를 죽이며 미련한 자의 안일은 자기를 멸망시키려니와 33 오직 내 말을 듣는 자는 평안히 살며 재앙의 두려움이 없이 안전하리라

■ 영어필사노트

■ 영어낭독실천

▷ 낭독실천가이드

☑ 순서

낭독녹음 저장   카페 접속   녹음파일 업로드   응원댓글달기

☑ Check-Up   ☐ 녹음파일 업로드   ☐ 응원댓글달기

2장

Good things come from wisdom

좋은 것들은 지혜에서 나온다

Apply your heart to understanding
네 마음을 깨달음에 두라

▷ AI원어민 녹음파일

- store up
  쌓다, 저장하다
- command
  명령
- apply one's heart to
  마음에 두다
- call out for
  구하다
- hidden treasure
  숨겨진 보물
- find out
  발견하다, 알다

NIrV 영어원문   ※ /는 낭독을 할 때 의미덩어리 끊어읽기를 하는 곳

1   My son, / accept my words.
    Store up my commands / inside you.

2   Let your ears / listen to wisdom.
    Apply your heart / to understanding.

3   Call out for the ability / to be wise.
    Cry out for understanding.

4   Look for it / as you would / look for silver.
    Search for it / as you would / search for hidden treasure.

5   Then / you will understand / how to have respect for the Lord.
    You will find out / how to know God.

NIrV 한글번역

¹ 내 아들아, 내 말을 받아들이라. 내 명령을 네 안에 저장해둬라. ² 네 귀로 지혜를 듣게 하라. 네 마음을 깨달음에 두라. ³ 지혜롭게 되는 능력을 구하라. 깨달음을 위해 외쳐라. ⁴ 은을 구하듯이 찾아라. 숨겨진 보물을 찾듯이 찾아라. ⁵ 그러면 주님을 공경하는 방법을 깨닫게 되리라. 하나님을 아는 방법을 알게 되리라.

개역개정판 성경

¹ 내 아들아 네가 만일 나의 말을 받으며 나의 계명을 네게 간직하며 ² 네 귀를 지혜에 기울이며 네 마음을 명철에 두며 ³ 지식을 불러 구하며 명철을 얻으려고 소리를 높이며 ⁴ 은을 구하는 것 같이 그것을 구하며 감추어진 보배를 찾는 것 같이 그것을 찾으면 ⁵ 여호와 경외하기를 깨달으며 하나님을 알게 되리니

■ 영어필사노트

_____

_____

_____

_____

_____

_____

_____

_____

_____

_____

_____

_____

_____

_____

_____

_____

_____

■ 영어낭독실천

▷ 낭독실천가이드

☑ 순서

낭독녹음 저장 → 카페 접속 → 녹음파일 업로드 → 응원댓글달기

☑ Check-Up   ☐ 녹음파일 업로드   ☐ 응원댓글달기

The Lord stores up success for honest people
주님께서는 정직한 사람들을 위해 성공을 쌓아둔다

▷ AI원어민 녹음파일

- shield
  방패
- without blame
  흠 없는, 나무랄데 없는
- guard
  지키다
- watch over
  지켜보다
- faithful
  충실한, 신실한
- fair
  공평한
- delight in
  기뻐하다

NIrV 영어원문   ※ /는 낭독을 할 때 의미덩어리 끊어읽기를 하는 곳

6 The Lord gives wisdom.
Knowledge and understanding / come from his mouth.

7 He stores up success / for honest people.
He is like a shield / to those / who live without blame.

8 He guards the path / of those / who are honest.
He watches over the way / of his faithful ones.

9 You will understand / what is right / and honest / and fair.
You will understand / the right way to live.

10 Your heart / will become wise.
Your mind / will delight in knowledge.

NIrV 한글번역

6 주님께서는 지혜를 주신다. 지식과 깨달음이 그 분의 입에서 나온다. 7 그 분은 정직한 사람들을 위해 성공을 쌓아둔다. 흠 없이 사는 사람들에게는 방패와 같다. 8 그 분은 정직한 자들의 길을 지켜주신다. 충실한 자들의 길을 지켜보신다. 9 무엇이 옳고 정직하며 공평한지를 깨닫게 될 것이다. 올바른 삶의 방식을 깨달아 알게 되리라.
10 네 마음이 지혜로워질 것이다. 네 마음이 지식을 기뻐하리라.

개역개정판 성경

6 대저 여호와는 지혜를 주시며 지식과 명철을 그 입에서 내심이며 7 그는 정직한 자를 위하여 완전한 지혜를 예비하시며 행실이 온전한 자에게 방패가 되시나니 8 대저 그는 정의의 길을 보호하시며 그의 성도들의 길을 보전하려 하심이니라 9 그런즉 네가 공의와 정의와 정직 곧 모든 선한 길을 깨달을 것이라 10 곧 지혜가 네 마음에 들어가며 지식이 네 영혼을 즐겁게 할 것이요

■ 영어필사노트

■ 영어낭독실천

▷ 낭독실천가이드

☑ 순서

낭독녹음 저장 → 카페 접속 → 녹음파일 업로드 → 응원댓글달기

☑ Check-Up   ☐ 녹음파일 업로드   ☐ 응원댓글달기

Understanding will guard you
깨달음이 너를 지키리라

▷ AI원어민 녹음파일

· save
  구하다
· evil
  악한
· twist
  뒤틀다, 왜곡하다
· straight
  곧은, 똑바른
· take delight in
  기뻐하다
· crooked
  굽은

NIrV 영어원문   ※ /는 낭독을 할 때 의미덩어리 끊어읽기를 하는 곳

11 Good sense / will keep you safe.
    Understanding / will guard you.

12 Wisdom will save you / from the ways of evil men.
    It will save you / from men / who twist their words.

13 Men like that / have left the straight paths / to walk in dark ways.

14 They take delight / in doing what is wrong.
    They take joy / in twisting everything around.

15 Their paths are crooked.
    Their ways / are not straight.

NIrV 한글번역

¹¹ 분별력이 너를 안전하게 할 것이다. 깨달음이 너를 지키리라. ¹² 지혜가 악한 사람들의 길에서 너를 구할 것이다. 그들의 말을 왜곡하는 사람들로부터 너를 구하리라. ¹³ 그런 사람들은 곧은 길을 버리고 어두운 길을 걷는다. ¹⁴ 그들은 잘못된 일을 행하기를 기뻐한다. 주위의 모든 것을 뒤틀리게 하는데서 기쁨을 얻는다. ¹⁵ 그들의 길은 굽어 있다. 그들의 길은 곧지 않다.

개역개정판 성경

¹¹ 근신이 너를 지키며 명철이 너를 보호하여 ¹² 악한 자의 길과 패역을 말하는 자에게서 건져 내리라 ¹³ 이 무리는 정직한 길을 떠나 어두운 길로 행하며 ¹⁴ 행악하기를 기뻐하며 악인의 패역을 즐거워하나니 ¹⁵ 그 길은 구부러지고 그 행위는 패역하니라

■ 영어필사노트

■ 영어낭독실천

▷ 낭독실천가이드

☑ 순서

낭독녹음 저장 → 카페 접속 → 녹음파일 업로드 → 응원댓글달기

☑ Check-Up   ☐ 녹음파일 업로드   ☐ 응원댓글달기

Wisdom will save you from a sinful woman

지혜가 악한 여자에게서 너를 구하리라

▷ AI원어민 녹음파일

- commit adultery
  간음하다
- sinful
  죄 짓는, 악한
- tempting words
  유혹하는 말
- make/break the promise
  약속을 하다/어기다

NIrV 영어원문   ※ /는 낭독을 할 때 의미덩어리 끊어읽기를 하는 곳

16 Wisdom will save you / from a woman / who commits adultery.
    It will save you / from a sinful woman / and her tempting words.

17 She has left the man / she married when she was young.
    She has broken the promise / she made in front of God.

18 Surely her house / leads down to death.
    Her paths / lead to the spirits of the dead.

19 No one who goes to her / comes back / or reaches the paths of
    life.

NIrV 한글번역

16 지혜가 간음하는 여자에게서 너를 구할 것이다. 악한 여자와 그녀의 유혹하는 말에서 너를 구하리라. 17 그녀는 어렸을 때 결혼한 남자를 떠났다. 하나님 앞에서 한 약속을 어겼다. 18 확실히 그녀의 집은 사망으로 통한다. 그녀의 길은 죽은 자의 영혼으로 인도한다. 19 그녀에게로 가는 자는 아무도 돌아오지 못하고 생명의 길에도 이르지 못하리라.

개역개정판 성경

16 지혜가 또 너를 음녀에게서, 말로 호리는 이방 계집에게서 구원하리니 17 그는 젊은 시절의 짝을 버리며 그의 하나님의 언약을 잊어버린 자라 18 그의 집은 사망으로, 그의 길은 스올로 기울어졌나니 19 누구든지 그에게로 가는 자는 돌아오지 못하며 또 생명 길을 얻지 못하느니라

■ 영어필사노트

■ 영어낭독실천

▷ 낭독실천가이드

☑ 순서

낭독녹음 저장 → 카페 접속 → 녹음파일 업로드 → 응원댓글달기

☑ Check-Up ☐ 녹음파일 업로드 ☐ 응원댓글달기

Walk in the ways of good people

선한 사람의 길을 걸어라

▷ AI원어민 녹음파일

remain
머무르다

be cut off
끊어지다, 잘려나가다

be torn away
떨어져나가다, 찢겨나가다

NIrV 영어원문   ※ /는 낭독을 할 때 의미덩어리 끊어읽기를 하는 곳

20   You will walk / in the ways of good people.
       You will follow the paths / of those who do right.

21   Honest people / will live in the land.
       Those / who are without blame / will remain in it.

22   But sinners / will be cut off / from the land.
       Those who aren't faithful / will be torn away / from it.

NIrV 한글번역

20 너는 선한 사람들의 길을 걷게 될 것이다. 옳은 일을 하는 사람들의 길을 따르리라.
21 정직한 사람들이 그 땅에 살 것이다. 흠 없는 사람들이 거기에 머무리라. 22 그러나
악인들은 그 땅에서 끊어질 것이다. 신실하지 않은 자들은 그곳에서 떨어져 나가리라.

개역개정판 성경

20 지혜가 너를 선한 자의 길로 행하게 하며 또 의인의 길을 지키게 하리니 21 대저 정
직한 자는 땅에 거하며 완전한 자는 땅에 남아 있으리라 22 그러나 악인은 땅에서 끊어
지겠고 간사한 자는 땅에서 뽑히리라

■ 영어필사노트

(빈 줄)

■ 영어낭독실천

▷ 낭독실천가이드

☑ 순서

낭독녹음 저장　　카페 접속　　녹음파일 업로드　　응원댓글달기

☑ Check-Up　　☐ 녹음파일 업로드　　☐ 응원댓글달기

3장

More good things come from wisdom

더 많은 좋은 것들이 지혜에서 나온다

Don't let love and truth ever leave you

사랑과 진리가 너를 떠나지 않게 하라

▷ AI원어민 녹음파일

- tie
  묶다
- tablet of one's heart
  마음판
- favor
  은총, 호의
- good name
  명예

NIrV 영어원문   ※ /는 낭독을 할 때 의미덩어리 끊어읽기를 하는 곳

1   My son, / do not forget / my teaching.
   Keep my commands / in your heart.

2   They will help you / live for many years.
   They will bring you / peace and success.

3   Don't let love and truth / ever leave you.
   Tie them / around your neck.
   Write them / on the tablet of your heart.

4   Then / you will find favor and a good name / in the eyes of God /
   and people.

NIrV 한글번역

¹ 내 아들아, 나의 가르침을 잊지 마라. 내 명령을 마음에 간직해라. ² 그것들은 네가 여러 해동안 사는 데 도움이 될 것이다. 네게 평화와 성공을 가져다 주리라. ³ 사랑과 진리가 너를 떠나지 않게 하라. 그것들을 목에 묶어 두어라. 네 마음판에 써놓아라. ⁴ 그러면 하나님과 사람의 눈에 들어 은총과 명예를 얻을 것이다.

개역개정판 성경

¹ 내 아들아 나의 법을 잊어버리지 말고 네 마음으로 나의 명령을 지키라 ² 그리하면 그것이 네가 장수하여 많은 해를 누리게 하며 평강을 더하게 하리라 ³ 인자와 진리가 네게서 떠나지 말게 하고 그것을 네 목에 매며 네 마음판에 새기라 ⁴ 그리하면 네가 하나님과 사람 앞에서 은총과 귀중히 여김을 받으리라

■ 영어필사노트

■ 영어낭독실천

☑ 순서

낭독녹음 저장 ➡ 카페 접속 ➡ 녹음파일 업로드 ➡ 응원댓글달기

☑ Check-Up   ☐ 녹음파일 업로드   ☐ 응원댓글달기

Trust in the Lord with all your heart

마음을 다하여 주님을 신뢰하라

▷ AI원어민 녹음파일

· trust in
  믿다, 신뢰하다
· (the) Lord
  주님
· depend on
  의지하다
· obey
  순종하다
· avoid evil
  악을 피하다

NIrV 영어원문   ※ /는 낭독을 할 때 의미덩어리 끊어읽기를 하는 곳

5 Trust in the Lord / with all your heart.
   Do not depend on / your own understanding.

6 In all your ways / obey him.
   Then / he will make your paths / smooth and straight.

7 Don't be wise / in your own eyes.
   Have respect for the Lord / and avoid evil.

8 That will bring health / to your body.
   It will make your bones / strong.

NIrV 한글번역

⁵ 너는 마음을 다하여 주님을 신뢰하라. 자신의 깨달음에 의지하지 마라. ⁶ 모든 길에서 그 분에게 순종하라. 그러면 그 분이 너의 길을 평탄하고 곧게 하시리라. ⁷ 스스로 지혜롭다고 여기지 말라. 주님을 공경하고 악을 피하라. ⁸ 그러면 네 몸이 건강해질 것이다. 뼈가 튼튼해 지리라.

개역개정판 성경

⁵ 너는 마음을 다하여 여호와를 신뢰하고 네 명철을 의지하지 말라 ⁶ 너는 범사에 그를 인정하라 그리하면 네 길을 지도하시리라 ⁷ 스스로 지혜롭게 여기지 말지어다 여호와를 경외하며 악을 떠날지어다 ⁸ 이것이 네 몸에 양약이 되어 네 골수를 윤택하게 하리라

■ 영어필사노트

■ 영어낭독실천

☑ 순서

낭독녹음 저장　→　카페 접속　→　녹음파일 업로드　→　응원댓글달기

☑ Check-Up　☐ 녹음파일 업로드　☐ 응원댓글달기

Honor the Lord with your wealth
너의 재물로 주님을 영광스럽게 하라

▷ AI원어민 녹음파일

VOCA CHECK

- honor
  영광스럽게 하다
- wealth
  재산, 재물
- share
  몫
- crop
  수확, 작물
- huge jar
  거대한 항아리
- spill over
  흘러 넘치다
- object
  반대하다

NIrV 영어원문   ※ /는 낭독을 할 때 의미덩어리 끊어읽기를 하는 곳

9 Honor the Lord / with your wealth.
   Give him the first share / of all your crops.

10 Then / your storerooms will be so full / they can't hold everything.
   Your huge jars / will spill over / with fresh wine.

11 My son, / do not hate the Lord's training.
   Do not object / when he corrects you.

12 The Lord trains / those he loves.
   He is like a father / who trains the son / he is pleased with.

13 Blessed is the one / who finds wisdom.
   Blessed is the one / who gains understanding.

NIrV 한글번역

⁹ 너의 재물로 주님을 영광스럽게 하라. 그 분께 모든 수확물의 첫 번째 몫을 드려라. ¹⁰ 그러면 네 창고가 가득 차서 모든 것을 담을 수 없을 것이다. 거대한 항아리들이 신선한 포도주로 넘치리라. ¹¹ 내 아들아, 주님의 훈련을 싫어하지 마라. 그 분이 너를 바로잡아 줄 때 반대하지 마라. ¹² 주님은 자기가 사랑하는 이들을 훈련시킨다. 자기가 기뻐하는 아들을 훈련시키는 아버지와 같다. ¹³ 지혜를 얻는 이는 복이 있도다. 깨달음을 얻는 이도 복이 있다.

개역개정판 성경

⁹ 네 재물과 네 소산물의 처음 익은 열매로 여호와를 공경하라 ¹⁰ 그리하면 네 창고가 가득히 차고 네 포도즙 틀에 새 포도즙이 넘치리라 ¹¹ 내 아들아 여호와의 징계를 경히 여기지 말라 그 꾸지람을 싫어하지 말라 ¹² 대저 여호와께서 그 사랑하시는 자를 징계하시기를 마치 아비가 그 기뻐하는 아들을 징계함 같이 하시느니라 ¹³ 지혜를 얻은 자와 명철을 얻은 자는 복이 있나니

■ 영어필사노트

■ 영어낭독실천

▷ 낭독실천가이드

☑ 순서

낭독녹음 저장 → 카페 접속 → 녹음파일 업로드 → 응원댓글달기

☑ Check-Up ☐ 녹음파일 업로드 ☐ 응원댓글달기

Wisdom earns more than gold does

지혜가 금 보다도 더 낫다

▷ AI원어민 녹음파일

- **earn**
  벌다, 얻다
- **compare with**
  비교하다
- **pleasant**
  즐거운
- **take hold of**
  잡다
- **hold her close**
  그녀를 가까이에 두다
- **blessed**
  축복 받은

NIrV 영어원문   ※ /는 낭독을 할 때 의미덩어리 끊어읽기를 하는 곳

14 Wisdom pays better / than silver does.
    She earns more / than gold does.

15 She is worth / more than rubies.
    Nothing you want / can compare with her.

16 Long life / is in her right hand.
    In her left hand / are riches and honor.

17 Her ways / are pleasant ways.
    All her paths / lead to peace.

18 She is a tree of life / to those / who take hold of her.
    Those who hold her close / will be blessed.

NIrV 한글번역

¹⁴ 지혜가 은 보다 낫다. 금 보다도 더 낫다. ¹⁵ 그녀는(지혜는) 루비 보다 가치가 있다. 네가 원하는 어떤 것도 그녀와 비교할 수 없다. ¹⁶ 오래 사는 것이 그녀의 오른손에 있다. 왼손에는 재물과 명예가 있다. ¹⁷ 그녀의 길은 즐거운 길이다. 모든 길이 평화로 이어진다. ¹⁸ 그녀는 그녀를 잡는 사람들에게는 생명 나무이다. 그녀를 가까이에 두는 사람들은 축복을 받으리라.

개역개정판 성경

¹⁴ 이는 지혜를 얻는 것이 은을 얻는 것보다 낫고 그 이익이 정금보다 나음이니라 ¹⁵ 지혜는 진주보다 귀하니 네가 사모하는 모든 것으로도 이에 비교할 수 없도다 ¹⁶ 그의 오른손에는 장수가 있고 그의 왼손에는 부귀가 있나니 ¹⁷ 그 길은 즐거운 길이요 그의 지름길은 다 평강이니라 ¹⁸ 지혜는 그 얻은 자에게 생명 나무라 지혜를 가진 자는 복되도다

■ 영어필사노트

■ 영어낭독실천

▷ 낭독실천가이드

☑ 순서   낭독녹음 저장 → 카페 접속 → 녹음파일 업로드 → 응원댓글달기

☑ Check-Up   ☐ 녹음파일 업로드   ☐ 응원댓글달기

Don't let wisdom out of your sight

3:19-23

지혜를 네 눈 앞에서 떠나게 하지 마라

▷ AI원어민 녹음파일

- lay foundation
  기초를 놓다
- set ~ in place
  ~을 제자리에 놓다
- separate
  갈라놓다
- dew
  이슬
- gracious necklace
  우아한 목걸이
- trip and fall
  걸려 넘어지다

NIrV 영어원문   ※ /는 낭독을 할 때 의미덩어리 끊어읽기를 하는 곳

19 By wisdom / the Lord / laid the earth's foundations.
    Through understanding / he set the heavens / in place.

20 By his knowledge / the seas were separated, / and the clouds /
    dropped their dew.

21 My son, / do not let wisdom / and understanding / out of your
    sight.
    Hold on to good sense / and the understanding / of what is right.

22 They will be life / for you.
    They will be like a gracious necklace / around your neck.

23 Then / you will go on your way / in safety.
    You will not trip / and fall.

NIrV 한글번역

¹⁹ 주님은 지혜로 땅의 기초를 놓으셨다. 깨달음으로 하늘을 제 자리에 놓으셨다. ²⁰ 그분의 지식으로 바다가 갈라지고, 구름이 이슬을 떨어뜨렸다. ²¹ 내 아들아, 지혜와 깨달음을 네 눈 앞에서 떠나게 하지 마라. 무엇이 옳은지 분별하고 깨닫는 능력을 붙잡아라. ²² 그것들은 너에게 생명이 될 것이다. 네 목에 거는 우아한 목걸이와 같으리라. ²³ 그러면 안전하게 너의 길을 갈 것이다. 걸려 넘어지지 않으리라.

개역개정판 성경

¹⁹ 여호와께서는 지혜로 땅에 터를 놓으셨으며 명철로 하늘을 견고히 세우셨고 ²⁰ 그의 지식으로 깊은 바다를 갈라지게 하셨으며 공중에서 이슬이 내리게 하셨느니라 ²¹ 내 아들아 완전한 지혜와 근신을 지키고 이것들이 네 눈 앞에서 떠나지 말게 하라 ²² 그리하면 그것이 네 영혼의 생명이 되며 네 목에 장식이 되리니 ²³ 네가 네 길을 평안히 행하겠고 네 발이 거치지 아니하겠으며

■ 영어필사노트

■ 영어낭독실천

☑ 순서

낭독녹음 저장 → 카페 접속 → 녹음파일 업로드 → 응원댓글달기

☑ Check-Up ☐ 녹음파일 업로드 ☐ 응원댓글달기

▷ 낭독실천가이드

Don't hold back good
선을 베푸는 걸 망설이지 말라

▷ AI원어민 녹음파일

- sleep soundly
  푹 자다
- be terrified
  겁먹다
- sudden
  갑작스러운
- be destroyed
  (멸)망하다
- hold back
  망설이다, 억제하다
- worthy
  자격이 있는

NIrV 영어원문   ※ /는 낭독을 할 때 의미덩어리 끊어읽기를 하는 곳

24 When you lie down, / you won't be afraid.
    When you lie down, / you will sleep soundly.

25 Don't be terrified / by sudden trouble.
    Don't be afraid / when sinners are destroyed.

26 The Lord / will be at your side.
    He will keep your feet / from being caught / in a trap.

27 Don't hold back good / from those / who are worthy of it.
    Don't hold it back / when you can help.

NIrV 한글번역

24 누워 있어도 두려워하지 않을 것이다. 누우면 푹 자리라. 25 갑작스럽게 문제가 생겨도 겁먹지 마라. 죄인들이 멸망할 때 두려워하지 마라. 26 주님께서 네 편이 되실 것이다. 네 발이 덫에 걸리지 않도록 지켜주시리라. 27 받을 자격이 있는 사람들에게 선을 베푸는 걸 망설이지 말라. 도울 수 있을 때 주저하지 말아라.

개역개정판 성경

24 네가 누울 때에 두려워하지 아니하겠고 네가 누운즉 네 잠이 달리로다 25 너는 갑작스러운 두려움도 악인에게 닥치는 멸망도 두려워하지 말라 26 대저 여호와는 네가 의지할 이시니라 네 발을 지켜 걸리지 않게 하시리라 27 네 손이 선을 베풀 힘이 있거든 마땅히 받을 자에게 베풀기를 아끼지 말며

■ 영어필사노트

■ 영어낭독실천

▷ 낭독실천가이드

☑ 순서

낭독녹음 저장 → 카페 접속 → 녹음파일 업로드 → 응원댓글달기

☑ Check-Up   ☐ 녹음파일 업로드   ☐ 응원댓글달기

Don't be jealous of a person who hurts others
남을 해치는 사람을 부러워하지 마라

▷ AI원어민 녹음파일

- suppose
  가정하다
- harm, hurt
  해치다
- bring charges against
  고소하다
- for no reason
  아무 이유없이
- be jealous of
  부러워하다

NIrV 영어원문

※ /는 낭독을 할 때 의미덩어리 끊어읽기를 하는 곳

28 Suppose / you already have / something to give.
Don't say to your neighbor, / "Come back tomorrow. I'll give it to you then."

29 Don't plan to harm / your neighbor.
He lives near you / and trusts you.

30 Don't bring charges / against anyone / for no reason.
They have not harmed you.

31 Don't be jealous / of a person who hurts others.
Don't choose / any of their ways.

NIrV 한글번역

²⁸ 네가 이미 베풀 것이 있다고 가정해보자. 그러면서 "내일 다시 와라. 그럼 줄게."라고 이웃에게 말하지 마라. ²⁹ 이웃을 해칠 계획을 세우지 마라. 그가 네 근처에 살고 또 너를 신뢰한다. ³⁰ 아무 이유없이 누구를 고소하지 마라. 그들이 너를 해치지 않았다. ³¹ 남을 해치는 사람을 부러워하지 마라. 그들의 길을 선택하지도 마라.

개역개정판 성경

²⁸ 네게 있거든 이웃에게 이르기를 갔다가 다시 오라 내일 주겠노라 하지 말며 ²⁹ 네 이웃이 네 곁에서 평안히 살거든 그를 해하려고 꾀하지 말며 ³⁰ 사람이 네게 악을 행하지 아니하였거든 까닭 없이 더불어 다투지 말며 ³¹ 포학한 자를 부러워하지 말며 그의 어떤 행위도 따르지 말라

■ 영어필사노트

■ 영어낭독실천

▷ 낭독실천가이드

☑ 순서

낭독녹음 저장 → 카페 접속 → 녹음파일 업로드 → 응원댓글달기

☑ Check-Up   ☐ 녹음파일 업로드   ☐ 응원댓글달기

Honest people are the Lord's closest friends
정직한 사람은 주님의 가장 친한 친구이다

▷ AI원어민 녹음파일

- put a curse on
  저주를 내리다
- grace
  은혜
- humble
  겸손한
- receive honor
  영광/명예를 얻다
- put ~ to shame
  ~을 부끄럽게 하다

NIrV 영어원문
※ /는 낭독을 할 때 의미덩어리 끊어읽기를 하는 곳

32 The Lord really hates / sinful people.
But he makes / honest people / his closest friends.

33 The Lord puts a curse / on the houses of sinners.
But he blesses / the homes of those / who do what is right.

34 He laughs at proud people / who make fun of others.
But he gives grace / to those / who are humble.

35 Wise people / receive honor.
But the Lord / puts foolish people / to shame.

NIrV 한글번역

³² 주님은 죄 짓는 사람들을 정말 미워하신다. 그러나 그 분은 정직한 사람들을 가장 친한 친구로 삼으신다. ³³ 주님께서 악인들의 집에 저주를 내리신다. 그러나 옳은 일을 하는 사람들의 가정에는 축복하신다. ³⁴ 그 분은 남을 비웃는 교만한 사람들을 비웃으신다. 그러나 겸손한 사람들에게는 은혜를 베푸신다. ³⁵ 지혜로운 사람들은 명예를 얻는다. 그러나 어리석은 사람들은 주님께서 부끄럽게 하신다.

개역개정판 성경

³² 대저 패역한 자는 여호와께서 미워하시나 정직한 자에게는 그의 교통하심이 있으며 ³³ 악인의 집에는 여호와의 저주가 있거니와 의인의 집에는 복이 있느니라 ³⁴ 진실로 그는 거만한 자를 비웃으시며 겸손한 자에게 은혜를 베푸시나니 ³⁵ 지혜로운 자는 영광을 기업으로 받거니와 미련한 자의 영달함은 수치가 되느니라

■ 영어필사노트

■ 영어낭독실천

☑ 순서

낭독녹음 저장 → 카페 접속 → 녹음파일 업로드 → 응원댓글달기

▷ 낭독실천가이드

☑ Check-Up ☐ 녹음파일 업로드 ☐ 응원댓글달기

4장

Wisdom is best

지혜가 최고다

Pay attention and gain understanding
귀를 기울이고 깨달음을 얻으라

▷ AI원어민 녹음파일

- gain
  얻다
- turn away from
  외면하다
- take hold of
  (굳게) 잡다
- keep one's command
  누구의 명령을 지키다

NIrV 영어원문   ※ /는 낭독을 할 때 의미덩어리 끊어읽기를 하는 곳

1 My children, / listen to a father's teaching.
   Pay attention / and gain understanding.

2 I give you good advice.
   So / don't turn away / from what I teach you.

3 I, too, / was once a young boy / in my father's house.
   And my mother / loved me deeply.

4 Then / my father taught me.
   He said to me, / "Take hold of my words / with all your heart.
   Keep my commands, / and you will live.

NIrV 한글번역

¹ 나의 자녀들아, 아버지의 가르침을 들어라. 귀를 기울이고 깨달음을 얻으라. ² 너희에게 좋은 충고를 해준다. 그러므로 내가 너희에게 가르치는 것을 외면하지 마라. ³ 나도 한때는 내 아버지 집에서 어린 소년이었다. 그리고 어머니께서 나를 깊이 사랑하셨다. ⁴ 그때 아버지께서 나를 가르치셨다. 내게 말씀하시기를, "네 마음을 다하여 내 말을 굳게 잡으라. 내 명령을 지키라. 그리하면 네가 살리라.

개역개정판 성경

¹ 아들들아 아비의 훈계를 들으며 명철을 얻기에 주의하라 ² 내가 선한 도리를 너희에게 전하노니 내 법을 떠나지 말라 ³ 나도 내 아버지에게 아들이었으며 내 어머니 보기에 유약한 외아들이었노라 ⁴ 아버지가 내게 가르쳐 이르기를 내 말을 네 마음에 두라 내 명령을 지키라 그리하면 살리라

■ 영어필사노트

■ 영어낭독실천

▷ 낭독실천가이드

☑ 순서

낭독녹음 저장 → 카페 접속 → 녹음파일 업로드 → 응원댓글달기

☑ Check-Up ☐ **녹음파일 업로드** ☐ **응원댓글달기**

Value wisdom highly
지혜를 높이 평가하라

▷ AI원어민 녹음파일

- stay close to
  가까이 하다
- no matter what it costs
  어떤 댓가를 치르더라도
- value highly
  높이 평가하다
- lift you up
  너를 높이다
- glorious
  영광스러운

NIrV 영어원문   ※ /는 낭독을 할 때 의미덩어리 끊어읽기를 하는 곳

5 Get wisdom, / and get understanding.
   Don't forget my words / or turn away from them.

6 Stay close to wisdom, / and / she will keep you safe.
   Love her, / and / she will watch over you.

7 To start being wise / you must first / get wisdom.
   No matter / what it costs, / get understanding.

8 Value wisdom / highly, / and / she will lift you up.
   Hold her close, / and / she will honor you.

9 She will set a beautiful crown / on your head.
   She will give you a glorious crown."

NIrV 한글번역

5 지혜를 얻고 깨달음을 얻어라. 내 말을 잊지도 말고 그것들을 떠나지도 말아라. 6 지혜를 가까이 하여라. 그러면 그녀(지혜)가 너를 안전하게 지켜주리라. 그녀를 사랑하여라. 그러면 그녀가 너를 돌보아주리라. 7 지혜로워지기 시작하려면 먼저 지혜를 얻어야 한다. 어떤 댓가를 치르더라도 깨달음을 얻어라. 8 지혜를 높이 평가하라. 그러면 그녀(지혜)가 너를 높이리라. 그녀를 가까이에 두라. 그러면 그녀가 너를 영광받게 하리라. 9 그녀가 네 머리에 아름다운 왕관을 씌울 것이다. 네게 영광스러운 왕관을 주리라.

개역개정판 성경

5 지혜를 얻으며 명철을 얻으라 내 입의 말을 잊지 말며 어기지 말라 6 지혜를 버리지 말라 그가 너를 보호하리라 그를 사랑하라 그가 너를 지키리라 7 지혜가 제일이니 지혜를 얻으라 네가 얻은 모든 것을 가지고 명철을 얻을지니라 8 그를 높이라 그리하면 그가 너를 높이 들리라 만일 그를 품으면 그가 너를 영화롭게 하리라 9 그가 아름다운 관을 네 머리에 두겠고 영화로운 면류관을 네게 주리라 하셨느니라

■ 영어필사노트

■ 영어낭독실천

▷ 낭독실천가이드

☑ 순서   낭독녹음 저장 → 카페 접속 → 녹음파일 업로드 → 응원댓글달기

☑ Check-Up   ☐ 녹음파일 업로드   ☐ 응원댓글달기

Hold on to my teaching
내 가르침을 붙잡아라

▷ AI원어민 녹음파일

- **accept**
  받아들이다
- **trip**
  발을 헛디디다, 넘어질뻔하다
- **hold on to**
  붙잡다
- **let it go**
  놓다, 놓아버리다

NIrV 영어원문　　　　　　　　　　　　　　　※ /는 낭독을 할 때 의미덩어리 끊어읽기를 하는 곳

10 My son, / listen. Accept / what I say.
Then / you will live for many years.

11 I instruct you / in the way of wisdom.
I lead you / along straight paths.

12 When you walk, / nothing / will slow you down.
When you run, / you won't trip / and fall.

13 Hold on to my teaching / and / don't let it go.
Guard it well, / because it is your life.

NIrV 한글번역

10 내 아들아, 들어라. 내 말을 받아들이라. 그러면 여러 해 동안 살리라. 11 나는 지혜의 길을 네게 가르친다. 너를 곧은 길로 인도한다. 12 네가 걸을 때, 아무것도 너를 늦추지 못할 것이다. 네가 달릴 때, 걸려 넘어지지 않으리라. 13 내 가르침을 붙잡고 놓지 말거라. 그것을 잘 지켜라. 네 목숨이니까.

개역개정판 성경

10 내 아들아 들으라 내 말을 받으라 그리하면 네 생명의 해가 길리라 11 내가 지혜로운 길을 네게 가르쳤으며 정직한 길로 너를 인도하였은즉 12 다닐 때에 네 걸음이 곤고하지 아니하겠고 달려갈 때에 실족하지 아니하리라 13 훈계를 굳게 잡아 놓치지 말고 지키라 이것이 네 생명이니라

■ 영어필사노트

■ 영어낭독실천

Stay away from evil people's path
악인들의 길에서 멀리 떨어져 있거라

▷ AI원어민 녹음파일

· stay away from
  멀리 떨어져 있다
· turn away from
  떠나다
· rest
  쉬다

NIrV 영어원문　　　　　　　　　　　　　　　　　※ /는 낭독을 할 때 의미덩어리 끊어읽기를 하는 곳

14　Don't take the path / of evil people.
　　Don't live the way / sinners do.

15　Stay away from their path / and don't travel on it.
　　Turn away from it / and go on your way.

16　Sinners can't rest / until they do / what is evil.
　　They can't sleep / until they make / someone sin.

17　They do evil / just as easily / as they eat food.
　　They hurt others / as easily / as they drink wine.

NIrV 한글번역

14 악인들의 길을 가지 마라. 악인들이 사는 것처럼 살지 마라. 15 그들의 길에서 멀리 떨어져있고 그 길로 다니지마라. 그곳을 떠나 네 길을 가거라. 16 악인들은 악을 행하기 전에는 절대 쉬지 않는다. 누군가를 죄 짓게 만들때까지는 잠을 자지도 않는다. 17 그들은 음식을 먹듯이 그냥 쉽게 악을 행한다. 포도주를 마시는 것처럼 쉽게 남을 해친다.

개역개정판 성경

14 사악한 자의 길에 들어가지 말며 악인의 길로 다니지 말지어다 15 그의 길을 피하고 지나가지 말며 돌이켜 떠나갈지어다 16 그들은 악을 행하지 못하면 자지 못하며 사람을 넘어뜨리지 못하면 잠이 오지 아니하며 17 불의의 떡을 먹으며 강포의 술을 마심이니라

■ 영어필사노트

■ 영어낭독실천

▷ 낭독실천가이드

☑ 순서

낭독녹음 저장 → 카페 접속 → 녹음파일 업로드 → 응원댓글달기

☑ Check-Up   ☐ 녹음파일 업로드   ☐ 응원댓글달기

Keep my words in your heart

4:18-22

내 말을 네 마음에 간직하라

▷ AI원어민 녹음파일

- the full light of day
  대낮
- deep darkness
  깊은 어둠
- let ~ out of one's sight
  ~을 시야에서 떠나게 하다
- whole
  모든, 전체의

NIrV 영어원문　　　　　　　　　　　　　　　※ /는 낭독을 할 때 의미덩어리 끊어읽기를 하는 곳

18　The path / of those who do right / is like the sun / in the morning.
　　It shines / brighter and brighter / until the full light of day.

19　But the way / of those who do what is wrong / is like deep darkness.
　　They don't know / what makes them / trip and fall.

20　My son, / pay attention / to what I say.
　　Listen closely / to my words.

21　Don't let them / out of your sight.
　　Keep them / in your heart.

22　They are life / to those / who find them.
　　They are health / to a person's whole body.

NIrV 한글번역

18 의를 행하는 사람들의 길은 아침 해와 같다. 대낮이 될 때까지 점점 더 밝게 빛난다. 19 그러나 악을 행하는 사람들의 길은 깊은 어둠과 같다. 무엇이 그들을 걸려 넘어지게 하는지 알지 못한다. 20 내 아들아, 내 말에 주의를 기울여라. 내 말을 잘 듣거라. 21 그것들(내 말)을 네 시야에서 떠나게 하지 마라. 그것들을 네 마음에 간직하라. 22 그것들은 그걸 찾는 사람들에게는 생명이다. 사람의 몸 전체에는 건강이다.

개역개정판 성경

18 의인의 길은 돋는 햇살 같아서 크게 빛나 한낮의 광명에 이르거니와 19 악인의 길은 어둠 같아서 그가 걸려 넘어져도 그것이 무엇인지 깨닫지 못하느니라 20 내 아들아 내 말에 주의하며 내가 말하는 것에 네 귀를 기울이라 21 그것을 네 눈에서 떠나게 하지 말며 네 마음 속에 지키라 22 그것은 얻는 자에게 생명이 되며 그의 온 육체의 건강이 됨이니라

■ 영어필사노트

■ 영어낭독실천

▷ 낭독실천가이드

☑ 순서

낭독녹음 저장 → 카페 접속 → 녹음파일 업로드 → 응원댓글달기

☑ Check-Up   ☐ 녹음파일 업로드   ☐ 응원댓글달기

4:23-27 Guard your heart
네 마음을 지키라

▷ AI원어민 녹음파일

- above everything else
무엇보다도
- keep ~ away
~을 멀리하다
- look straight ahead
똑바로 앞만 보다
- keep 동사+ing
계속 ~하다

NIrV 영어원문　　　　　　　　　　　　　　　　　　　　※ /는 낭독을 할 때 의미덩어리 끊어읽기를 하는 곳

23　Above everything else, / guard your heart.
　　Everything you do / comes from it.

24　Don't speak / with twisted words.
　　Keep evil talk / away from your lips.

25　Let your eyes / look straight ahead.
　　Keep looking / right in front of you.

26　Think carefully / about the paths / that your feet walk on.
　　Always / choose the right ways.

27　Don't turn to the right / or left.
　　Keep your feet / from the path of evil.

NIrV 한글번역

²³ 무엇보다도 네 마음을 지키라. 네가 하는 모든 것이 거기서 비롯된다. ²⁴ 비뚤어진 말로 말하지 말라. 악한 말을 네 입술에서 멀리 하라. ²⁵ 네 눈이 똑바로 앞만 보게 하라. 계속 바로 네 앞만 쳐다보라. ²⁶ 네 발이 걷는 길을 곰곰이 생각해보라. 항상 올바른 길을 선택하라. ²⁷ 좌로나 우로나 치우지지 마라. 악의 길에서 네 발을 지키라.

개역개정판 성경

²³ 모든 지킬 만한 것 중에 더욱 네 마음을 지키라 생명의 근원이 이에서 남이니라 ²⁴ 구부러진 말을 네 입에서 버리며 비뚤어진 말을 네 입술에서 멀리 하라 ²⁵ 네 눈은 바로 보며 네 눈꺼풀은 네 앞을 곧게 살펴 ²⁶ 네 발이 행할 길을 평탄하게 하며 네 모든 길을 든든히 하라 ²⁷ 좌로나 우로나 치우치지 말고 네 발을 악에서 떠나게 하라

■ 영어필사노트

■ 영어낭독실천

▷ 낭독실천가이드

☑ 순서

낭독녹음 저장 → 카페 접속 → 녹음파일 업로드 → 응원댓글달기

☑ Check-Up   ☐ 녹음파일 업로드   ☐ 응원댓글달기

5장

A warning against adultery

간음에 대한 경고

A woman who commits adultery is like bitter poison

간음하는 여자는 쓴 독과 같다

▷ AI원어민 녹음파일

VOCA CHECK

- continue to+동사
  계속 ~하다
- keep on ~ing
  계속 ~하다
- drip
  떨어뜨리다, 떨어지다
- bitter poison
  쓴 독
- sword
  칼
- edge
  모서리, 칼날

NIrV 영어원문   ※ /는 낭독을 할 때 의미덩어리 끊어읽기를 하는 곳

1   My son, / pay attention to my wisdom.
    Listen carefully / to my wise sayings.

2   Then / you will continue / to have good sense.
    Your lips / will keep on speaking / words of knowledge.

3   A woman who commits adultery / has lips / that drip honey.
    What she says / is smoother / than olive oil.

4   But in the end / she is like bitter poison.
    She cuts like a sword / that has two edges.

5   Her feet / go down to death. Her steps lead / straight to the grave.

NIrV 한글번역

¹ 내 아들아, 내 지혜에 주의를 기울이라. 내 지혜로운 말을 잘 들어라. ² 그러면 계속 분별력을 갖게 되리라. 네 입술이 지식의 말씀을 계속 말하리라. ³ 간음하는 여자는 꿀이 떨어지는 입술을 가지고 있다. 그녀가 말하는 것은 올리브 기름 보다 부드럽다. ⁴ 그러나 그녀는 결국 쓴 독과 같으리라. 두 개의 날을 가진 칼처럼 자르리라. ⁵ 그녀의 발은 죽음으로 내려간다. 그녀의 발걸음은 곧장 무덤으로 향한다.

개역개정판 성경

¹ 내 아들아 내 지혜에 주의하며 내 명철에 네 귀를 기울여서 ² 근신을 지키며 네 입술로 지식을 지키도록 하라 ³ 대저 음녀의 입술은 꿀을 떨어뜨리며 그의 입은 기름보다 미끄러우나 ⁴ 나중은 쑥 같이 쓰고 두 날 가진 칼 같이 날카로우며 ⁵ 그의 발은 사지로 내려가며 그의 걸음은 스올로 나아가나니

■ 영어필사노트

■ 영어낭독실천

▷ 낭독실천가이드

☑ 순서

낭독녹음 저장 → 카페 접속 → 녹음파일 업로드 → 응원댓글달기

☑ Check-Up ☐ 녹음파일 업로드   ☐ 응원댓글달기

Stay on a path far away from the evil woman
사악한 여자에게서 멀리 떨어져 길을 가라

▷ AI원어민 녹음파일

VOCA
CHECK

- **give thought to**
  생각해보다
- **direction**
  방향
- **realize**
  깨닫다
- **self-respect**
  자존심
- **mean**
  못된, 심술궂은

NIrV 영어원문   ※ /는 낭독을 할 때 의미덩어리 끊어읽기를 하는 곳

6 She doesn't give any thought / to her way of life.
   Her paths have no direction, / but / she doesn't realize it.

7 My sons, / listen to me.
   Don't turn away / from what I say.

8 Stay on a path / far away / from that evil woman.
   Don't even go / near the door of her house.

9 If you do, / you will lose your honor / to other people.
   You will give your self-respect / to someone / who is mean.

NIrV 한글번역

⁶ 그녀는 자신의 삶의 방식에 대해 전혀 생각하지 않는다. 그녀의 길에는 방향이 없지만, 그녀는 그것을 깨닫지 못한다. ⁷ 내 아들들아, 내 말을 들어라. 내가 말하는 것을 외면하지 마라. ⁸ 그 사악한 여자에게서 멀리 떨어진 길을 가라. 그녀의 집 문 근처에도 가지 마라. ⁹ 그렇게 하면 다른 사람들에게 네 명예를 잃게 될 것이다. 못된 사람에게 네 자존심을 내어줄 것이다.

개역개정판 성경

⁶ 그는 생명의 평탄한 길을 찾지 못하며 자기 길이 든든하지 못하여도 그것을 깨닫지 못하느니라 ⁷ 그런즉 아들들아 나에게 들으며 내 입의 말을 버리지 말고 ⁸ 네 길을 그에게서 멀리 하라 그의 집 문에도 가까이 가지 말라 ⁹ 두렵건대 네 존영이 남에게 잃어버리게 되며 네 수한이 잔인한 자에게 빼앗기게 될까 하노라

■ 영어필사노트

■ 영어낭독실천

▷ 낭독실천가이드

☑ 순서

낭독녹음 저장 → 카페 접속 → 녹음파일 업로드 → 응원댓글달기

☑ Check-Up ☐ 녹음파일 업로드 ☐ 응원댓글달기

Your hard work will make someone else rich
너의 노력이 다른 누군가를 부자로 만들리라

▷ AI원어민 녹음파일

- stranger
  낯선 사람
- use up
  다 써버리다
- groan
  신음하다
- be worn out
  닳아 없어지다
- correct
  똑바로 고치다
- assembly
  모임, 집회

NIrV 영어원문   ※ /는 낭독을 할 때 의미덩어리 끊어읽기를 하는 곳

10 Strangers / will use up / all your wealth.
    Your hard work / will make someone else / rich.

11 At the end of your life / you will groan.
    Your skin and your body / will be worn out.

12 You will say, / "How I hated / to take advice!
    How my heart refused / to be corrected!

13 I would not obey / my teachers.
    I wouldn't listen / to those who taught me.

14 I was soon / in deep trouble.
    It happened / right in front of the whole assembly / of God's people."

NIrV 한글번역

10 낯선 사람들이 네 재산을 모두 써버릴 것이다. 너의 노력이 다른 누군가를 부자로 만들 것이다. 11 인생의 마지막에 너는 신음할 것이다. 네 피부와 몸은 닳아 없어지리라. 12 너는 이렇게 말할 것이다. "충고를 받아들이길 얼마나 싫어했던가! 내 마음이 똑바로 고쳐지는 걸 얼마나 거부했던가! 13 나는 선생님들에게 순종하지 않았다. 나를 가르쳐준 사람들의 말을 들으려고 하지도 않았다. 14 나는 곧 큰 곤란에 빠졌다. 하나님 사람들이 모두 모인 바로 앞에서 일어난 일이다."

개역개정판 성경

10 두렵건대 타인이 네 재물로 충족하게 되며 네 수고한 것이 외인의 집에 있게 될까 하노라 11 두렵건대 마지막에 이르러 네 몸, 네 육체가 쇠약할 때에 네가 한탄하여 12 말하기를 내가 어찌하여 훈계를 싫어하며 내 마음이 꾸지람을 가벼이 여기고 13 내 선생의 목소리를 청종하지 아니하며 나를 가르치는 이에게 귀를 기울이지 아니하였던고 14 많은 무리들이 모인 중에서 큰 악에 빠지게 되었노라 하게

■ 영어필사노트

■ 영어낭독실천

▷ 낭독실천가이드

☑ 순서

낭독녹음 저장 → 카페 접속 → 녹음파일 업로드 → 응원댓글달기

☑ Check-Up   ☐ 녹음파일 업로드   ☐ 응원댓글달기

Drink water from your own well
네가 소유한 우물의 물을 마셔라

▷ AI원어민 녹음파일

NIrV 영어원문   ※ /는 낭독을 할 때 의미덩어리 끊어읽기를 하는 곳

15 Drink water / from your own well.
    Drink running water / from your own spring.

16 Should your springs / pour out into the streets?
    Should your streams of water / pour out in public places?

17 No! Let them belong / to you alone.
    Never share them / with strangers.

18 May your fountain / be blessed.
    May the wife / you married when you were young / make you happy.

19 She is like a loving doe, / a graceful deer.
    May her breasts / always satisfy you.
    May you always / be captured by her love.

NIrV 한글번역

15 네가 소유한 우물의 물을 마셔라. 네가 소유한 샘에서 흐르는 물을 마셔라. 16 너의 샘이 쏟아져 거리로 흘러 들어가야 하느냐? 너의 물줄기가 공공장소로 쏟아져 나와야 하느냐? 17 안 된다! 그것들이 오직 너에게만 속하게 하라. 낯선 사람들과 절대 함께 나누지 마라. 18 너의 샘이 축복 받기를. 네가 젊었을 때 결혼한 아내가 너를 행복하게 해 주기를. 19 그녀는 사랑스러운 암사슴, 우아한 사슴과 같다. 그녀의 가슴이 항상 너를 만족시키기를. 그녀의 사랑에 항상 사로 잡혀 있기를.

개역개정판 성경

15 너는 네 우물에서 물을 마시며 네 샘에서 흐르는 물을 마시라 16 어찌하여 네 샘물을 집 밖으로 넘치게 하며 네 도랑물을 거리로 흘러가게 하겠느냐 17 그 물이 네게만 있게 하고 타인과 더불어 그것을 나누지 말라 18 네 샘으로 복되게 하라 네가 젊어서 취한 아내를 즐거워하라 19 그는 사랑스러운 암사슴 같고 아름다운 암노루 같으니 너는 그의 품을 항상 족하게 여기며 그의 사랑을 항상 연모하라

■ 영어필사노트

■ 영어낭독실천

▷ 낭독실천가이드

☑ 순서

낭독녹음 저장 → 카페 접속 → 녹음파일 업로드 → 응원댓글달기

☑ Check-Up ☐ 녹음파일 업로드 ☐ 응원댓글달기

The Lord watches your ways
주님께서 너의 길을 살펴보신다

▷ AI원어민 녹음파일

VOCA CHECK

- go astray
  빗나가다, 타락하다
- study
  꼼꼼이 살피다
- be trapped by ~
  ~로 덫에 갇히다
- hold tight
  꽁꽁 묶다
- capture
  사로잡다

NIrV 영어원문　　　　　　　　　　　　　　※ /는 낭독을 할 때 의미덩어리 끊어읽기를 하는 곳

20　My son, / why be captured / by another man's wife?
　　Why hug a woman / who has gone astray?

21　The Lord / watches your ways.
　　He studies / all your paths.

22　Sinners are trapped / by their own evil acts.
　　They are held tight / by the ropes of their sins.

23　They will die / because they refused / to be corrected.
　　Their sins will capture them / because / they were very foolish.

NIrV 한글번역

20 내 아들아, 왜 다른 남자의 아내에게 사로 잡히느냐? 왜 타락한 길을 가는 여자를 품에 안느냐? 21 주님께서 너의 길을 살펴보신다. 너의 모든 길을 꼼꼼이 살피시리라. 22 악인들은 자신들의 사악한 행실로 덫에 갇혀 있다. 죄의 밧줄로 꽁꽁 묶이리라. 23 그들은 똑바로 고쳐지는 걸 거부하였기 때문에 죽을 것이다. 심히 어리석기 때문에 그들의 죄가 그들을 사로잡으리라.

개역개정판 성경

20 내 아들아 어찌하여 음녀를 연모하겠으며 어찌하여 이방 계집의 가슴을 안겠느냐 21 대저 사람의 길은 여호와의 눈 앞에 있나니 그가 그 사람의 모든 길을 평탄하게 하시느니라 22 악인은 자기의 악에 걸리며 그 죄의 줄에 매이나니 23 그는 훈계를 받지 아니함으로 말미암아 죽겠고 심히 미련함으로 말미암아 혼미하게 되느니라

■ 영어필사노트

■ 영어낭독실천

▷ 낭독실천가이드

☑ 순서

낭독녹음 저장 → 카페 접속 → 녹음파일 업로드 → 응원댓글달기

☑ Check-Up　☐ 녹음파일 업로드　☐ 응원댓글달기

6장

Warnings against foolish acts

어리석은 행동들에 대한 경고

Don't promise to pay someone else's debt
남의 빚을 갚겠다고 약속하지 마라

▷ AI원어민 녹음파일

- promise
  약속하다
- owe
  빚지다
- bill
  계산서, 청구서
- be caught by ~
  ~에 (사로)잡히다
- instead
  대신에
- eyelid
  눈꺼풀

NIrV 영어원문   ※ /는 낭독을 할 때 의미덩어리 끊어읽기를 하는 곳

1   My son, / don't promise to pay / for what your neighbor owes.
    Don't agree / to pay a stranger's bill.

2   Don't be trapped / by what you have said.
    Don't be caught / by the words of your mouth.

3   Instead, my son, / do something / to free yourself.
    Don't / fall into your neighbor's hands.
    Go / until you can't go / anymore.
    Don't let your neighbor / rest.

4   Don't let your eyes / go to sleep.
    Don't let your eyelids / close.

NIrV 한글번역

¹ 내 아들아, 네 이웃이 빚진 것을 갚겠다고 약속하지 마라. 낯선 사람의 청구서를 지불하는데 동의하지 마라. ² 네가 한 말에 갇히지 마라. 네 입의 말에 사로잡히지 마라. ³ 대신에, 내 아들아, 너 자신을 자유롭게 하기 위해 무언가를 하라. 이웃의 손에 넘어가지 마라. 더 이상 갈 수 없을 때까지 가거라. 이웃을 쉬게 하지 마라. ⁴ 네 눈을 잠들게 하지 마라. 눈꺼풀이 닫히게 하지 마라.

개역개정판 성경

¹ 내 아들아 네가 만일 이웃을 위하여 담보하며 타인을 위하여 보증하였으면 ² 네 입의 말로 네가 얽혔으며 네 입의 말로 인하여 잡히게 되었느니라 ³ 내 아들아 네가 네 이웃의 손에 빠졌은즉 이같이 하라 너는 곧 가서 겸손히 네 이웃에게 간구하여 스스로 구원하되 ⁴ 네 눈을 잠들게 하지 말며 눈꺼풀을 감기게 하지 말고

■ 영어필사노트

■ 영어낭독실천

▷ 낭독실천가이드

☑ 순서

낭독녹음 저장 → 카페 접속 → 녹음파일 업로드 → 응원댓글달기

☑ Check-Up ☐ 녹음파일 업로드 ☐ 응원댓글달기

Think about the ant
개미를 생각하라

▷ AI원어민 녹음파일

- deer
  사슴
- trapper
  덫을 놓는 사람
- ant
  개미
- consider
  잘 생각해보다
- ruler
  다스리는 사람
- gather at harvest time
  추수할 때 거둬들이다
- lazy
  게으른

NIrV 영어원문 ※ /는 낭독을 할 때 의미덩어리 끊어읽기를 하는 곳

5 As a deer / frees itself from a hunter, / free yourself.
  As a bird / frees itself from a trapper, / free yourself.

6 You people / who don't want to work, / think about the ant!
  Consider its ways / and be wise!

7 It has no commander. It has no leader / or ruler.

8 But / it stores up its food / in summer.
  It gathers its food / at harvest time.

9 You lazy people, / how long / will you lie there?
  When will you get up / from your sleep?

NIrV 한글번역

⁵ 사슴이 사냥꾼에게서 자유로워지듯 네 자신을 자유롭게 하라. 새가 덫을 놓는 자에게서 자유로워지듯, 자신을 자유롭게 하라. ⁶ 너희 일하기 싫어하는 자들아, 개미를 생각하라. 개미가 일하는 방법을 생각해보고 지혜로워져라. ⁷ 개미는 명령하는 사람도 없다. 지도자나 다스리는 사람도 없다. ⁸ 그러나 여름에 자신이 먹을 것을 쌓아둔다. 추수할 때 먹이를 거둬들인다. ⁹ 너희 게으른 자들아, 언제까지 거기 누워 있을 것이냐? 언제 잠에서 일어날 것이냐?

개역개정판 성경

⁵ 노루가 사냥꾼의 손에서 벗어나는 것 같이, 새가 그물 치는 자의 손에서 벗어나는 것 같이 스스로 구원하라 ⁶ 게으른 자여 개미에게 가서 그가 하는 것을 보고 지혜를 얻으라 ⁷ 개미는 두령도 없고 감독자도 없고 통치자도 없으되 ⁸ 먹을 것을 여름 동안에 예비하며 추수 때에 양식을 모으느니라 ⁹ 게으른 자여 네가 어느 때까지 누워 있겠느냐 네가 어느 때에 잠이 깨어 일어나겠느냐

■ 영어필사노트

■ 영어낭독실천

☑ 순서

낭독녹음 저장 → 카페 접속 → 녹음파일 업로드 → 응원댓글달기

▷ 낭독실천가이드

☑ Check-Up   ☐ 녹음파일 업로드   ☐ 응원댓글달기

What if you sleep a little?
네가 잠을 조금 더 자면 어떻게 될까?

▷ AI원어민 녹음파일

VOCA CHECK

- take a nap
  낮잠 자다
- fold
  접다
- rob
  도둑질 하다
- steal(-stole-stolen)
  훔치다
- make signals
  신호를 보내다
- motion
  동작을 하다
- stir up fights
  싸움을 일으키다

NIrV 영어원문 ※ /는 낭독을 할 때 의미덩어리 끊어읽기를 하는 곳

10 You might sleep a little / or take a little nap.
You might / even fold your hands / and rest.

11 Then / you would be poor, / as if / someone had robbed you.
You would have little, / as if / someone had stolen / from you.

12 An evil troublemaker / goes around / saying twisted things / with his mouth.

13 He winks / with his eyes.
He makes signals / with his feet.
He motions / with his fingers.

14 His plans are evil, / and he has lies / in his heart.
He is always / stirring up fights.

NIrV 한글번역

10 잠을 조금 더 자거나 낮잠을 조금 잘 수 있다. 손을 접고 쉴 수도 있다. 11 그러면 누군가가 너희를 도둑질한 것처럼 가난하게 될 것이다. 마치 누군가가 너희에게서 훔친 것처럼 가진 것이 거의 없게 될 것이다. 12 악한 말썽꾼은 자기 입으로 뒤틀린 말을 하며 돌아다닌다. 13 눈으로 윙크를 한다. 발로 신호를 보낸다. 손가락으로 동작을 해 보인다. 14 그의 계획들은 악하고, 그의 마음에는 거짓이 있다. 그는 항상 싸움을 일으킨다.

개역개정판 성경

10 좀더 자자, 좀더 졸자, 손을 모으고 좀더 누워 있자 하면 11 네 빈궁이 강도 같이 오며 네 곤핍이 군사 같이 이르리라 12 불량하고 악한 자는 구부러진 말을 하고 다니며 13 눈짓을 하며 발로 뜻을 보이며 손가락질을 하며 14 그의 마음에 패역을 품으며 항상 악을 꾀하여 다툼을 일으키는 자라

■ 영어필사노트

■ 영어낭독실천

☑ 순서

낭독녹음 저장 → 카페 접속 → 녹음파일 업로드 → 응원댓글달기

☑ Check-Up ☐ **녹음파일 업로드** ☐ **응원댓글달기**

▷ 낭독실천가이드

Six things the Lord hates
주님께서 미워하시는 여섯 가지

▷ AI원어민 녹음파일

- catch up with
  들이닥치다
- in an instant
  순식간에
- guilty
  죄가 있는
- witness
  증인
- pour out lies
  거짓말을 쏟아 놓다
- conflict
  갈등

NIrV 영어원문
※ /는 낭독을 할 때 의미덩어리 끊어읽기를 하는 곳

15 Trouble / will catch up with him / in an instant.
He will suddenly / be destroyed, / and nothing / can save him.

16 There are six things / the Lord hates.
In fact, / he hates seven things.

17 The Lord hates / proud eyes, / a lying tongue, / and hands that kill / those who aren't guilty.

18 He also hates / hearts that make evil plans / and feet / that are quick to do evil.

19 He hates any witness / who pours out lies / and anyone who stirs up conflict / in the community.

NIrV 한글번역

15 고난이 순식간에 그에게 들이닥칠 것이다. 그가 갑자기 멸망할 것이며, 그 무엇도 그를 구할 수 없으리라. 16 주님께서 미워하시는 것이 여섯 가지가 있다. 실은 일곱 가지를 미워하신다. 17 주님은 교만한 눈, 거짓말 하는 혀, 그리고 죄 없는 사람들을 죽이는 손을 미워하신다. 18 또 악한 계획을 세우는 마음과 악을 행하는 데 빠른 발을 미워하신다. 19 거짓말을 쏟아 놓는 증인과 공동체에서 갈등을 일으키는 사람을 미워하신다.

개역개정판 성경

15 그러므로 그의 재앙이 갑자기 내려 당장에 멸망하여 살릴 길이 없으리라 16 여호와께서 미워하시는 것 곧 그의 마음에 싫어하시는 것이 예닐곱 가지이니 17 곧 교만한 눈과 거짓된 혀와 무죄한 자의 피를 흘리는 손과 18 악한 계교를 꾀하는 마음과 빨리 악으로 달려가는 발과 19 거짓을 말하는 망령된 증인과 및 형제 사이를 이간하는 자이니라

■ 영어필사노트

■ 영어낭독실천

▷ 낭독실천가이드

☑ 순서

낭독녹음 저장 → 카페 접속 → 녹음파일 업로드 → 응원댓글달기

☑ Check-Up   ☐ 녹음파일 업로드   ☐ 응원댓글달기

Don't turn away from your parents' teaching
부모의 가르침을 외면하지 마라

▷ AI원어민 녹음파일

- turn away from
  외면하다
- keep you from ~
  ~로부터 너를 지키다

NIrV 영어원문　　　　　　　　　　　　※ /는 낭독을 할 때 의미덩어리 끊어읽기를 하는 곳

20　My son, / keep your father's command.
　　Don't turn away / from your mother's teaching.

21　Always tie them / on your heart.
　　Put them / around your neck.

22　When you walk, / they will guide you.
　　When you sleep, / they will watch over you.
　　When you wake up, / they will speak to you.

23　Your father's command / is like a lamp.
　　Your mother's teaching / is like a light.
　　And whatever instructs / and corrects you / leads to life.

24　It keeps you / from your neighbor's wife.
　　It keeps you / from the smooth talk / of a woman who commits
　　adultery.

NIrV 한글번역

²⁰ 내 아들아, 네 아버지의 명령을 지켜라. 네 어머니의 가르침을 외면하지 마라. ²¹ 항상 그것들을 네 마음에 묶어 두어라. 네 목 둘레에 두어라. ²² 네가 걸을 때 그것들이 너를 인도할 것이다. 네가 잠들 때 너를 지켜보리라. 네가 깨어나면 너에게 말하리라. ²³ 네 아버지의 명령은 등불과 같다. 네 어머니의 가르침은 빛과 같다. 그리고 무엇이든지 너를 가르치고 올바로 고쳐주는 것은 생명으로 이끄리라. ²⁴ 그것은 네 이웃의 아내에게서 너를 지켜준다. 간음하는 여자의 부드러운 이야기로부터 너를 지키리라.

개역개정판 성경

²⁰ 내 아들아 네 아비의 명령을 지키며 네 어미의 법을 떠나지 말고 ²¹ 그것을 항상 네 마음에 새기며 네 목에 매라 ²² 그것이 네가 다닐 때에 너를 인도하며 네가 잘 때에 너를 보호하며 네가 깰 때에 너와 더불어 말하리니 ²³ 대저 명령은 등불이요 법은 빛이요 훈계의 책망은 곧 생명의 길이라 ²⁴ 이것이 너를 지켜 악한 여인에게, 이방 여인의 혀로 호리는 말에 빠지지 않게 하리라

■ 영어필사노트

_(빈 줄)_

■ 영어낭독실천

▷ 낭독실천가이드

☑ 순서

낭독녹음 저장 → 카페 접속 → 녹음파일 업로드 → 응원댓글달기

☑ Check-Up ☐ 녹음파일 업로드 ☐ 응원댓글달기

Don't touch another man's wife
남의 아내를 건드리지 마라

▷ AI원어민 녹음파일

- hunger after
  갈망하다
- capture
  사로잡다
- prostitute
  창녀
- shovel
  삽질하다
- coal
  석탄
- be punished
  벌을 받다

NIrV 영어원문   ※ /는 낭독을 할 때 의미덩어리 끊어읽기를 하는 곳

25 Don't hunger / in your heart / after her beauty.
    Don't let her eyes / capture you.

26 A prostitute can be bought / for only a loaf of bread.
    But another man's wife / hunts your very life.

27 You can't shovel fire / into your lap / without burning your clothes.

28 You can't walk on hot coals / without burning your feet.

29 It's the same for anyone / who has sex / with another man's wife.
    Anyone who touches her / will be punished.

NIrV 한글번역

²⁵ 그녀의 아름다움을 마음으로 갈망하지 마라. 그녀의 눈이 너를 사로잡지 못하게 하라. ²⁶ 창녀는 단지 빵 한 조각으로 살 수 있다. 그러나 남의 아내가 바로 너의 목숨을 노린다. ²⁷ 옷을 태우지 않고는 삽질해 무릎에 불을 넣을 수 없다. ²⁸ 발을 태우지 않고는 뜨거운 석탄 위를 걸을 수 없다. ²⁹ 남의 아내와 동침하는 사람도 마찬가지이다. 그녀를 건드리는 자는 벌을 받을 것이다.

개역개정판 성경

²⁵ 네 마음에 그의 아름다움을 탐하지 말며 그 눈꺼풀에 홀리지 말라 ²⁶ 음녀로 말미암아 사람이 한 조각 떡만 남게 됨이며 음란한 여인은 귀한 생명을 사냥함이니라 ²⁷ 사람이 불을 품에 품고서야 어찌 그의 옷이 타지 아니하겠으며 ²⁸ 사람이 숯불을 밟고서야 어찌 그의 발이 데지 아니하겠느냐 ²⁹ 남의 아내와 통간하는 자도 이와 같을 것이라 그를 만지는 자마다 벌을 면하지 못하리라

■ 영어필사노트

■ 영어낭독실천

▷ 낭독실천가이드

☑ 순서

낭독녹음 저장 ➡ 카페 접속 ➡ 녹음파일 업로드 ➡ 응원댓글달기

☑ Check-Up ☐ 녹음파일 업로드 ☐ 응원댓글달기

A man who commits adultery destroys himself
간음하는 남자는 스스로 멸망하리라

▷ AI원어민 녹음파일

VOCA CHECK

- empty stomach
  빈 속
- dishonor
  모욕하다
- wipe away
  지우다
- jealousy
  질투
- mercy
  자비
- get even
  갚아 주다, 원수를 갚다

NIrV 영어원문
※ /는 낭독을 할 때 의미덩어리 끊어읽기를 하는 곳

30 People don't hate / a thief who steals / to fill his empty stomach.

31 But when he is caught, / he must pay seven times / as much as / he stole.
It may even cost him / everything he has.

32 A man who commits adultery / has no sense.
Anyone who does it / destroys himself.

33 He will be beaten up / and dishonored.
His shame / will never be wiped away.

34 Jealousy / stirs up a husband's anger.
He will show no mercy / when he gets even.

35 He won't accept any payment.
He won't take any money, / no matter / how much he is offered.

NIrV 한글번역

30 사람들은 빈 속을 채우기 위해 도둑질 하는 도둑은 미워하지 않는다. 31 그러나 그가 붙잡히면 훔친 것의 일곱 배를 갚아야 한다. 그가 가진 모든 것을 잃어버릴 수도 있다. 32 간음하는 남자는 분별력이 없다. 그것을 행하는 사람은 스스로 멸망하리라. 33 그는 매를 맞고 모욕을 당할 것이다. 그의 수치심은 결코 지워지지 않으리라. 34 질투가 남편의 분노를 일으킨다. 그는 원수를 갚을 때 자비를 베풀지 않으리라. 35 그는 어떤 보상도 받지 않을 것이다. 아무리 많은 돈을 주더라도 받지 않으리라.

개역개정판 성경

30 도둑이 만일 주릴 때에 배를 채우려고 도둑질하면 사람이 그를 멸시하지는 아니하려니와 31 들키면 칠 배를 갚아야 하리니 심지어 자기 집에 있는 것을 다 내주게 되리라 32 여인과 간음하는 자는 무지한 자라 이것을 행하는 자는 자기의 영혼을 망하게 하며 33 상함과 능욕을 받고 부끄러움을 씻을 수 없게 되나니 34 남편이 투기로 분노하여 원수 갚는 날에 용서하지 아니하고 35 어떤 보상도 받지 아니하며 많은 선물을 줄지라도 듣지 아니하리라

■ 영어필사노트

■ 영어낭독실천

☑ 순서

낭독녹음 저장 → 카페 접속 → 녹음파일 업로드 → 응원댓글달기

☑ Check-Up

▷ 낭독실천가이드

☐ 녹음파일 업로드   ☐ 응원댓글달기

7장

Keep you
from a woman
who commits adultery

간음을 범하는 여인을 멀리 하라

Write my teachings on the tablet of your heart
내 가르침을 네 마음 판에 써놓아라

▷ AI원어민 녹음파일

· store up
  쌓다, 저장하다
· guard
  지키다
· keep you from ~
  너를 ~에서 지키다

NIrV 영어원문   ※ /는 낭독을 할 때 의미덩어리 끊어읽기를 하는 곳

1   My son, / obey my words. Store up my commands / inside you.

2   Obey my commands / and you will live.
    Guard my teachings / as you would guard / your own eyes.

3   Tie them / on your fingers.
    Write them / on the tablet of your heart.

4   Say to wisdom, / "You are my sister."
    Say to understanding, / "You are a member of my family."

5   They will keep you / from a woman / who commits adultery.
    They will keep you / from the smooth talk of a sinful wife.

NIrV 한글번역

¹ 내 아들아, 내 말에 순종하라. 내 명령을 네 안에 저장하라. ² 내 명령에 순종하라. 그러면 살리라. 네 자신의 눈을 지키듯 내 가르침을 지켜라. ³ 그것들을 네 손가락에 묶어두라. 네 마음 판에 써놓아라. ⁴ 지혜에게 이렇게 말하라. "너는 내 누이이다." 깨달음에게 이렇게 말하라. "너는 우리 식구이다." ⁵ 그것들이 간음하는 여자에게서 너를 지켜줄 것이다. 악한 여자의 부드러운 말에서 너를 지켜주리라.

개역개정판 성경

¹ 내 아들아 내 말을 지키며 내 계명을 간직하라 ² 내 계명을 지켜 살며 내 법을 네 눈동자처럼 지키라 ³ 이것을 네 손가락에 매며 이것을 네 마음판에 새기라 ⁴ 지혜에게 너는 내 누이라 하며 명철에게 너는 내 친족이라 하라 ⁵ 그리하면 이것이 너를 지켜서 음녀에게, 말로 호리는 이방 여인에게 빠지지 않게 하리라

■ 영어필사노트

_(빈 줄 노트)_

■ 영어낭독실천

▷ 낭독실천가이드

☑ 순서

낭독녹음 저장 → 카페 접속 → 녹음파일 업로드 → 응원댓글달기

☑ Check-Up ☐ 녹음파일 업로드 ☐ 응원댓글달기

Don't walk toward the sinful woman's house

악한 여자의 집으로 걸어가지 마라

▷ AI원어민 녹음파일

- sinful
  죄 있는, 악한
- toward ~
  ~을 향해
- fade
  서서히 사라지다, 저물다
- prostitute
  창녀
- clever
  영리한

NIrV 영어원문　　　　　　　　　　　※ /는 낭독을 할 때 의미덩어리 끊어읽기를 하는 곳

6　I stood at the window / of my house.
　　I looked down / through it.

7　Among those / who were childish /
　　I saw a young man / who had no sense.

8　He went down the street / near that sinful woman's corner.
　　He walked / toward her house.

9　The sun had gone down, / and the day / was fading.
　　The darkness of night / was falling.

10　A woman came out / to meet him.
　　She was dressed / like a prostitute / and had a clever plan.

NIrV 한글번역

⁶ 내가 집 창가에 서 있었다. 창문을 통해 아래를 내려다 보았다. ⁷ 철부지들 중에 분별력이 없는 한 청년을 보았다. ⁸ 그는 그 악한 여자의 집 모퉁이에서 가까운 거리를 내려갔다. 그녀의 집으로 걸어갔다. ⁹ 해가 지고 날이 저물어 가고 있었다. 밤의 어둠이 내리고 있었다. ¹⁰ 여자가 그를 맞으러 나왔다. 그녀는 창녀처럼 차려입고 영리한 계획을 세웠다.

개역개정판 성경

⁶ 내가 내 집 들창으로, 살창으로 내다 보다가 ⁷ 어리석은 자 중에, 젊은이 가운데에 한 지혜 없는 자를 보았노라 ⁸ 그가 거리를 지나 음녀의 골목 모퉁이로 가까이 하여 그의 집쪽으로 가는데 ⁹ 저물 때, 황혼 때, 깊은 밤 흑암 중에라 ¹⁰ 그 때에 기생의 옷을 입은 간교한 여인이 그를 맞으니

■ 영어필사노트

■ 영어낭독실천

☑ 순서

낭독녹음 저장 → 카페 접속 → 녹음파일 업로드 → 응원댓글달기

☑ Check-Up   ☐ 녹음파일 업로드   ☐ 응원댓글달기

▷ 낭독실천가이드

The sinful woman would wait everywhere
악한 여자가 모든 곳에서 기다리리라

▷ AI원어민 녹음파일

- pushy
  막 졸라대는
- take hold of
  붙잡다
- bold
  뻔뻔한
- left over
  남은, 남겨진
- fellowship offering
  화목 제물
- offer
  제공하다, 드리다

NIrV 영어원문　　　　　　　　　　　　　　　※ /는 낭독을 할 때 의미덩어리 끊어읽기를 하는 곳

11　She was a loud / and pushy woman.
　　She never stayed / at home.

12　Sometimes in the streets, / sometimes at other places, / at every corner / she would wait.

13　She took hold of the young man / and kissed him.
　　With a bold face / she spoke to him.

14　She said, / "At home I have meat / left over / from my fellowship offering.
　　Today I offered / what I promised / I would.

15　So I came out / to meet you.
　　I looked for you / and have found you!

NIrV 한글번역

11 그녀(악한 여자)는 시끄럽고 막 졸라대는 여자였다. 그녀는 집에 있는 법이 없었다. 12 어떤 땐 거리에서 또 어떤 땐 다른 곳에서, 모든 길목에서 기다리곤 했다. 13 그녀는 그 청년을 붙잡고 키스를 했다. 뻔뻔한 얼굴로 그녀가 그에게 말했다. 14 그녀가 말하길, "집에 화목제를 드리고 남은 고기가 있어요. 오늘 나는 약속한 것을 드렸어요. 15 그래서 당신을 만나러 나왔어요. 당신을 찾고 또 찾았어요.

개역개정판 성경

11 이 여인은 떠들며 완악하며 그의 발이 집에 머물지 아니하여 12 어떤 때에는 거리, 어떤 때에는 광장 또 모퉁이마다 서서 사람을 기다리는 자라 13 그 여인이 그를 붙잡고 그에게 입맞추며 부끄러움을 모르는 얼굴로 그에게 말하되 14 내가 화목제를 드려 서원한 것을 오늘 갚았노라 15 이러므로 내가 너를 맞으려고 나와 네 얼굴을 찾다가 너를 만났도다

■ 영어필사노트

실천

☑ 순서

낭독녹음 저장 → 카페 접속 → 녹음파일 업로드 → 응원댓글달기

☑ Check-Up ☐ 녹음파일 업로드 ☐ 응원댓글달기

Itery '백일

Come, let's enjoy ourselves!
자, 맘껏 즐기자!

▷ AI원어민 녹음파일

· perfume
  향수(를 뿌리다)
· spice
  향신료
· myrrh and cinnamon
  몰약과 계피
· drink one's fill
  맘껏 마시다
· go on a journey
  여행을 가다

NIrV 영어원문　　　　　　　　　　　　※ /는 낭독을 할 때 의미덩어리 끊어읽기를 하는 곳

16　I have covered my bed / with colored sheets / from Egypt.

17　I've perfumed my bed / with spices.
　　I used myrrh, / aloes / and cinnamon.

18　Come, / let's drink our fill of love / until morning.
　　Let's enjoy ourselves / by sleeping together!

19　My husband isn't home.
　　He's gone / on a long journey.

20　He took his bag / full of money.
　　He won't be home / for several days."

NIrV 한글번역

16 이집트에서 가져온 알록달록한 시트로 침대를 덮었어요. 17 침대에 향신료도 뿌렸어요. 몰약, 알로에, 계피를 사용했죠. 18 자, 우리의 사랑을 아침까지 실컷 마셔요. 동침하면서 맘껏 즐겨요! 19 우리 남편은 집에 없어요. 먼 여행을 떠났어요. 20 가방에 돈을 가득 넣어갔어요. 며칠 동안 집에 없을 거예요."

개역개정판 성경

16 내 침상에는 요와 애굽의 무늬 있는 이불을 폈고 17 몰약과 침향과 계피를 뿌렸노라 18 오라 우리가 아침까지 흡족하게 서로 사랑하며 사랑함으로 희락하자 19 남편은 집을 떠나 먼 길을 갔는데 20 은 주머니를 가졌은즉 보름 날에나 집에 돌아오리라 하여

■ 영어필사노트

■ 영어낭독실천

▷ 낭독실천가이드

☑ 순서

낭독녹음 저장 → 카페 접속 → 녹음파일 업로드 → 응원댓글달기

☑ Check-Up　　☐ 녹음파일 업로드　　☐ 응원댓글달기

It would cost you your life!
너의 목숨을 앗아가리라!

▷ AI원어민 녹음파일

NIrV 영어원문

※ /는 낭독을 할 때 의미덩어리 끊어읽기를 하는 곳

21 She led him astray / with her clever words.
She charmed him / with her smooth talk.

22 All at once / he followed her.
He was like an ox / going to be killed.
He was like a deer / stepping into a trap

23 until an arrow / struck its liver.
He was like a bird / rushing into a trap.
Little did he know / it would cost him / his life!

VOCA CHECK

· **lead astray**
유혹하다
· **charm**
매혹시키다, 사로잡다
· **all at once**
갑자기, 곧바로
· **ox**
소
· **arrow**
화살
· **struck**
strike의 과거형
· **liver**
간

NIrV 한글번역

²¹ 그녀는 교묘한 말로 그를 유혹했다. 부드러운 말로 그를 사로잡았다. ²² 그는 곧바로 그녀를 따라갔다. 그는 곧 죽임을 당할 소와 같았다. 덫에 걸린 사슴 같았다. ²³ 화살이 그 간을 쏠 때까지. 그는 덫에 뛰어드는 새와 같았다. 그것이 자신의 목숨을 앗아갈 것이라는 걸 거의 알지 못했다!

개역개정판 성경

²¹ 여러 가지 고운 말로 유혹하며 입술의 호리는 말로 꾀므로 ²² 젊은이가 곧 그를 따랐으니 소가 도수장으로 가는 것 같고 미련한 자가 벌을 받으려고 쇠사슬에 매이러 가는 것과 같도다 ²³ 필경은 화살이 그 간을 뚫게 되리라 새가 빨리 그물로 들어가되 그의 생명을 잃어버릴 줄을 알지 못함과 같으니라

■ 영어필사노트

_____
_____
_____
_____
_____
_____
_____
_____
_____
_____
_____
_____
_____
_____
_____
_____
_____
_____
_____
_____
_____

■ 영어낭독실천

▷ 낭독실천가이드

☑ 순서

낭독녹음 저장 → 카페 접속 → 녹음파일 업로드 → 응원댓글달기

☑ Check-Up   ☐ 녹음파일 업로드   ☐ 응원댓글달기

Don't step onto her paths

그녀의 길을 밟지도 마라

▷ AI원어민 녹음파일

- step onto one's path
  길을 밟다
- bring down
  넘어뜨리다
- huge crowd
  커다란 무리/군중
- the dead
  죽은 사람들

NIrV 영어원문   ※ /는 낭독을 할 때 의미덩어리 끊어읽기를 하는 곳

24 My sons, / listen to me.
Pay attention / to what I say.

25 Don't let your hearts / turn to her ways.
Don't step onto her paths.

26 She has brought down / a lot of men.
She has killed / a huge crowd.

27 Her house is a road / to the grave.
It leads / down to the place of the dead.

NIrV 한글번역

²⁴ 내 아들들아, 내 말을 들어라. 내가 말하는 것에 주의를 기울여라. ²⁵ 너희 마음이 그녀의 길로 향하지 않도록 하라. 그녀의 길을 밟지도 마라. ²⁶ 그녀는 많은 남자들을 넘어뜨렸다. 커다란 무리를 죽였다. ²⁷ 그녀의 집은 무덤으로 가는 길이다. 죽은 자들이 있는 곳으로 인도한다.

개역개정판 성경

²⁴ 이제 아들들아 내 말을 듣고 내 입의 말에 주의하라 ²⁵ 네 마음이 음녀의 길로 치우치지 말며 그 길에 미혹되지 말지어다 ²⁶ 대저 그가 많은 사람을 상하여 엎드러지게 하였나니 그에게 죽은 자가 허다하니라 ²⁷ 그의 집은 스올의 길이라 사망의 방으로 내려가느니라

■ 영어필사노트

_____
_____
_____
_____
_____
_____
_____
_____
_____
_____
_____
_____
_____
_____
_____
_____
_____
_____
_____

■ 영어낭독실천

▷ 낭독실천가이드

☑ 순서

낭독녹음 저장 ➡ 카페 접속 ➡ 녹음파일 업로드 ➡ 응원댓글달기

☑ Check-Up ☐ 녹음파일 업로드 ☐ 응원댓글달기

8장

Wisdom is worth more than anything

지혜가 어느 것보다 값지다

Get good sense and gain understanding
분별함을 얻고 깨달음을 얻어라

▷ AI원어민 녹음파일

- raise one's voice
  목소리를 높이다
- high road
  대로
- along the way
  길을 따라
- take one's place
  자리를 잡다
- entrance
  입구
- human being
  사람, 인간

NIrV 영어원문   ※ /는 낭독을 할 때 의미덩어리 끊어읽기를 하는 곳

1   Doesn't wisdom / call out?
    Doesn't understanding / raise her voice?

2   On the high roads / along the way, / she takes her place / where the paths meet.

3   Beside the gate / leading into the city, / she cries out / at the entrances.

4   She says, / "Men, / I call out to you.   I raise my voice / to all human beings.

5   You / who are childish, / get some good sense.
    You / who are foolish, / gain understanding.

NIrV 한글번역

¹ 지혜가 부르지 않나요? 깨달음이 목소리를 높이지 않나요? ² 길을 따라가는 대로에서 그녀(지혜)가 길이 만나는 곳에 자리를 잡는다. ³ 성읍으로 통하는 문 옆 입구에서 그녀가 외친다. ⁴ 그녀가 말하길, "사람들이여, 내가 너희를 부른다. 모든 사람에게 내 목소리를 높인다. ⁵ 너희 철부지들아, 분별함을 얻으라. 너희 어리석은 자들아, 깨달음을 얻으라.

개역개정판 성경

¹ 지혜가 부르지 아니하느냐 명철이 소리를 높이지 아니하느냐 ² 그가 길 가의 높은 곳과 네거리에 서며 ³ 성문 곁과 문 어귀와 여러 출입하는 문에서 불러 이르되 ⁴ 사람들아 내가 너희를 부르며 내가 인자들에게 소리를 높이노라 ⁵ 어리석은 자들아 너희는 명철할지니라 미련한 자들아 너희는 마음이 밝을지니라

■ 영어필사노트

■ 영어낭독실천

▷ 낭독실천가이드

☑ 순서

낭독녹음 저장 → 카페 접속 → 녹음파일 업로드 → 응원댓글달기

☑ Check-Up [ ] 녹음파일 업로드 [ ] 응원댓글달기

Listen! I have worthy things to say
듣거라! 내가 들려줄 값진 것들이 있다

▷ AI원어민 녹음파일

- worthy
  가치있는, 값진
- rather than ~
  ~보다는, ~대신에
- fine gold
  순금

NIrV 영어원문
※ /는 낭독을 할 때 의미덩어리 끊어읽기를 하는 곳

6 Listen! I have worthy things / to say.
  I open my lips / to speak what is right.

7 My mouth speaks / what is true. My lips hate evil.

8 All the words of my mouth / are honest.
  None of them / is twisted / or sinful.

9 To those / who have understanding, / all my words / are right.
  To those / who have found knowledge, / they are true.

10 Choose my teaching / instead of silver.
   Choose knowledge / rather than fine gold.

NIrV 한글번역

⁶ 듣거라! 내가 들려줄 값진 것들이 있다. 옳은 것을 말하려고 입술을 연다. ⁷ 내 입은 참된 것을 말한다. 내 입술은 악을 미워한다. ⁸ 내 입의 모든 말은 정직하다. 그들 중 어느 것도 왜곡되거나 죄가 없다. ⁹ 깨달음을 얻은 사람들에게는 내 모든 말이 옳다. 지식을 찾은 사람들에게는 그것들은 사실이다. ¹⁰ 은 대신 내 가르침을 선택하라. 순금 보다 지식을 선택하라.

개역개정판 성경

⁶ 너희는 들을지어다 내가 가장 선한 것을 말하리라 내 입술을 열어 정직을 내리라 ⁷ 내 입은 진리를 말하며 내 입술은 악을 미워하느니라 ⁸ 내 입의 말은 다 의로운즉 그 가운데에 굽은 것과 패역한 것이 없나니 ⁹ 이는 다 총명 있는 자가 밝히 아는 바요 지식 얻은 자가 정직하게 여기는 바니라 ¹⁰ 너희가 은을 받지 말고 나의 훈계를 받으며 정금 보다 지식을 얻으라

■ 영어필사노트

■ 영어낭독실천

☑ 순서

낭독녹음 저장 → 카페 접속 → 녹음파일 업로드 → 응원댓글달기

▷ 낭독실천가이드

☑ Check-Up   ☐ 녹음파일 업로드   ☐ 응원댓글달기

To have respect for the Lord is to hate evil
주님을 공경하는 것은 악을 미워하는 것이다

▷ AI원어민 녹음파일

VOCA CHECK

· worth
  가치가 있는
· compare with ~
  ~와 비교하다
· pride
  교만, 자만심
· brag
  자랑하다
· understanding
  이해, 깨달음, 명철

NIrV 영어원문

※ /는 낭독을 할 때 의미덩어리 끊어읽기를 하는 곳

11 Wisdom is worth / more than rubies.
   Nothing you want / can compare with her.

12 "I, wisdom, / live together / with understanding.
   I have knowledge / and good sense.

13 To have respect for the Lord / is to hate evil.
   I hate pride / and bragging.
   I hate evil ways / and twisted words.

14 I have good sense / and give good advice.
   I have understanding / and power.

NIrV 한글번역

11 지혜는 루비 보다 값지다. 네가 원하는 것은 그녀(지혜)와 비교할 수 없으리라. 12 "나 지혜는 깨달음과 더불어 산다. 나는 지식과 분별력을 갖고 있다. 13 주님을 공경하는 것은 악을 미워하는 것이다. 나는 교만과 자랑을 싫어한다. 악한 길과 뒤틀린 말도 싫어한다. 14 나는 분별력이 있고 충고도 잘 한다. 깨달음과 능력도 있다.

개역개정판 성경

11 대저 지혜는 진주보다 나으므로 원하는 모든 것을 이에 비교할 수 없음이니라 12 나 지혜는 명철로 주소를 삼으며 지식과 근신을 찾아 얻나니 13 여호와를 경외하는 것은 악을 미워하는 것이라 나는 교만과 거만과 악한 행실과 패역한 입을 미워하느니라 14 내게는 계략과 참 지식이 있으며 나는 명철이라 내게 능력이 있으므로

■ 영어필사노트

■ 영어낭독실천

▷ 낭독실천가이드

☑ 순서

낭독녹음 저장 → 카페 접속 → 녹음파일 업로드 → 응원댓글달기

☑ Check-Up ☐ 녹음파일 업로드 ☐ 응원댓글달기

Those who look for me find me

나를 구하는 자들은 나를 찾으리라

▷ AI원어민 녹음파일

VOCA CHECK

- **rule**
  다스리다
- **noble**
  귀족
- **govern**
  통치하다
- **lasting**
  오래가는
- **gift**
  선물

NIrV 영어원문　　　　　　　　　　　　　　※ /는 낭독을 할 때 의미덩어리 끊어읽기를 하는 곳

15 By me / kings rule.
Leaders make laws / that are fair.

16 By me / princes and nobles / govern.
It is by me / that anyone rules / on earth.

17 I love / those who love me.
Those who look for me / find me.

18 With me / are riches and honor.
With me / are lasting wealth / and success.

19 My fruit is better / than fine gold.
My gifts are better / than the finest silver.

NIrV 한글번역

15 나(지혜)로 말미암아 왕들이 다스린다. 지도자들은 공정한 법을 만든다. 16 나로 말미암아 군주들과 귀족들이 통치한다. 누구든지 이 땅에서 다스리는 것은 나로 말미암이니라. 17 나는 나를 사랑하는 사람들을 사랑한다. 나를 구하는 자들은 나를 찾으리라.
18 재물과 명예가 나와 함께 있다. 오래 가는 부와 성공이 나와 함께 있다.
19 내 열매는 순금 보다 낫다. 내 선물은 가장 좋은 은 보다 낫다.

개역개정판 성경

15 나로 말미암아 왕들이 치리하며 방백들이 공의를 세우며 16 나로 말미암아 재상과 존귀한 자 곧 모든 의로운 재판관들이 다스리느니라 17 나를 사랑하는 자들이 나의 사랑을 입으며 나를 간절히 찾는 자가 나를 만날 것이니라 18 부귀가 내게 있고 장구한 재물과 공의도 그러하니라 19 내 열매는 금이나 정금보다 나으며 내 소득은 순은보다 나으니라

■ 영어필사노트

■ 영어낭독실천

▷ 낭독실천가이드

☑ 순서

낭독녹음 저장 → 카페 접속 → 녹음파일 업로드 → 응원댓글달기

☑ Check-Up   ☐ 녹음파일 업로드   ☐ 응원댓글달기

The Lord created me as the first of his works

8:20-24

주님께서는 첫 작품으로 나를 창조하셨다

▷ AI원어민 녹음파일

· leave riches
  재물을 남기다
· room
  여유, 능력
· work
  작품
· ocean
  바다
· spring of water
  샘물
· at that time
  그 때에는

NIrV 영어원문
※ /는 낭독을 할 때 의미덩어리 끊어읽기를 하는 곳

20 I walk in ways / that are honest.
   I take paths / that are right.

21 I leave riches / to those / who love me.
   I give them / more than / they have room for.

22 "The Lord created me / as the first of his works, / before his acts / of long ago.

23 I was formed / at the very beginning.
   I was formed / before the world began.

24 Before there were any oceans, / I was born.
   There weren't any springs / of water / at that time.

NIrV 한글번역

²⁰ 나는 정직한 길을 걷는다. 나는 옳은 길을 택한다. ²¹ 나는 나를 사랑하는 사람들에게 재물을 남긴다. 그들에게 쌓아놓을 수 있는 능력보다 더 많이 주리라. ²² "주님께서는 행동하시기 오래 전부터 그 분의 첫 작품으로 나를 창조하셨다. ²³ 나는 아주 처음부터 지어졌다. 세상이 시작되기도 전에 지어졌다. ²⁴ 바다가 있기 전에 나는 태어났다. 그 때에는 샘물도 없었다.

개역개정판 성경

²⁰ 나는 정의로운 길로 행하며 공의로운 길 가운데로 다니나니 ²¹ 이는 나를 사랑하는 자가 재물을 얻어서 그 곳간에 채우게 하려 함이니라 ²² 여호와께서 그 조화의 시작 곧 태초에 일하시기 전에 나를 가지셨으며 ²³ 만세 전부터, 태초부터, 땅이 생기기 전부터 내가 세움을 받았나니 ²⁴ 아직 바다가 생기지 아니하였고 큰 샘들이 있기 전에 내가 이미 났으며

■ 영어필사노트

■ 영어낭독실천

▷ 낭독실천가이드

☑ 순서

낭독녹음 저장 → 카페 접속 → 녹음파일 업로드 → 응원댓글달기

☑ Check-Up ☐ 녹음파일 업로드 ☐ 응원댓글달기

I was there when the Lord set the heavens in place

주님께서 하늘의 자리를 정하실 때 나는 거기에 있었다

▷ AI원어민 녹음파일

- **be settled in place**
  자리 잡다
- **dust**
  먼지
- **set ~ in place**
  ~의 자리를 정하다
- **mark out**
  점찍어 표시하다
- **above**
  위에
- **fix ~ in place**
  ~을 제자리에 정해놓다

NIrV 영어원문　　　　　　　　　　　※ /는 낭독을 할 때 의미덩어리 끊어읽기를 하는 곳

25　Before the mountains / were settled in place, / I was born.
　　Before there were any hills, / I was born.

26　It happened / before the Lord / made the earth / and its fields.
　　It was before he made / the dust of the earth.

27　I was there / when he set the heavens / in place.
　　When he marked out the place / where the sky meets the sea, /
　　I was there.

28　That was when / he put the clouds / above.
　　It was when / he fixed the ocean springs / in place.

NIrV 한글번역

²⁵ 산들이 자리 잡기 전에 나는 태어났다. 언덕이 있기도 전에 나는 태어났다. ²⁶ 주님이 땅과 들판을 만드시기 전에 일어난 일이다. 땅의 먼지를 만드시기도 전이었다. ²⁷ 그가 (주님이) 하늘의 자리를 정하실 때 나는 거기에 있었다. 그가 하늘과 바다가 만나는 곳을 점찍어 표시하실 때 거기에 있었다. ²⁸ 그 때에 그가 구름을 위에 두셨다. 그 때에 바다 샘을 제자리에 정해놓으셨다.

개역개정판 성경

²⁵ 산이 세워지기 전에, 언덕이 생기기 전에 내가 이미 났으니 ²⁶ 하나님이 아직 땅도, 들도, 세상 진토의 근원도 짓지 아니하셨을 때에라 ²⁷ 그가 하늘을 지으시며 궁창을 해면에 두르실 때에 내가 거기 있었고 ²⁸ 그가 위로 구름 하늘을 견고하게 하시며 바다의 샘들을 힘 있게 하시며

■ 영어필사노트

■ 영어낭독실천

▷ 낭독실천가이드

☑ 순서

낭독녹음 저장 → 카페 접속 → 녹음파일 업로드 → 응원댓글달기

☑ Check-Up ☐ 녹음파일 업로드 ☐ 응원댓글달기

The Lord's whole world filled me with joy
주님의 온 세상이 나를 기쁨으로 가득 채웠다

▷ AI원어민 녹음파일

- **set limits**
  한계를 정하다
- **foundation**
  기초
- **constantly**
  항상, 끊임없이
- **at his side**
  그의 곁에
- **joy**
  기쁨
- **take delight in**
  기뻐하다

NIrV 영어원문　　　　　　　　　　　　　　※ /는 낭독을 할 때 의미덩어리 끊어읽기를 하는 곳

29　It was when / he set limits for the sea / so that / the waters had to obey / his command.
　　When the Lord / marked out the foundations / of the earth, / I was there.

30　I was constantly / at his side.
　　I was filled with delight / day after day.
　　I was always happy / to be with him.

31　His whole world / filled me with joy.
　　I took delight / in all human beings.

NIrV 한글번역

29 그 때에 그가 바다의 한계를 정하셨다. 그래서 물은 그 분의 명령에 순종해야만 했다. 주님이 땅의 기초를 표시하실 때 나는 거기에 있었다. 30 나는 항상 그 분 곁에 있었다. 하루하루 기쁨으로 가득 찼다. 그 분과 함께 늘 행복했다. 31 그 분의 온 세상이 나를 기쁨으로 가득 채웠다. 나는 모든 인간을 기뻐했다.

개역개정판 성경

29 바다의 한계를 정하여 물이 명령을 거스르지 못하게 하시며 또 땅의 기초를 정하실 때에 30 내가 그 곁에 있어서 창조자가 되어 날마다 그의 기뻐하신 바가 되었으며 항상 그 앞에서 즐거워하였으며 31 사람이 거처할 땅에서 즐거워하며 인자들을 기뻐하였느니라

■ 영어필사노트

■ 영어낭독실천

▷ 낭독실천가이드

☑ 순서

낭독녹음 저장 → 카페 접속 → 녹음파일 업로드 → 응원댓글달기

☑ Check-Up   ☐ 녹음파일 업로드   ☐ 응원댓글달기

Blessed are those who keep my ways
내 길을 지키는 사람들은 복이 있다

▷ AI원어민 녹음파일

VOCA CHECK

- blessed
  복된, 복 있는
- doorway
  문간
- receive blessing
  축복을 받다
- harm
  해를 끼치다

NIrV 영어원문   ※ /는 낭독을 할 때 의미덩어리 끊어읽기를 하는 곳

32 "My children, / listen to me.
    Blessed are those / who keep my ways.

33 Listen to my teaching / and be wise.
    Don't turn away / from it.

34 Blessed are those / who listen to me.
    They watch every day / at my doors.
    They wait / beside my doorway.

35 Those who find me / find life.
    They receive blessing / from the Lord.

36 But those / who don't find me / harm only themselves.
    Everyone who hates me / loves death."

NIrV 한글번역

32 "내 자녀들아, 내 말을 들어라. 내 길을 지키는 사람들은 복이 있다. 33 내 가르침을 듣고 지혜롭게 되라. 그것을 멀리 하지 마라. 34 내 말을 듣는 사람들은 복이 있다. 그들은 매일 내 문에서 지켜본다. 문간 곁에서 기다린다. 35 나를 찾는 사람들은 생명을 얻는다. 주님의 축복을 받으리라. 36 그러나 나를 찾지 않는 사람들은 자신에게 해를 끼칠 뿐이다. 나를 미워하는 사람은 누구나 죽음을 사랑한다."

개역개정판 성경

32 아들들아 이제 내게 들으라 내 도를 지키는 자가 복이 있느니라 33 훈계를 들어서 지혜를 얻으라 그것을 버리지 말라 34 누구든지 내게 들으며 날마다 내 문 곁에서 기다리며 문설주 옆에서 기다리는 자는 복이 있나니 35 대저 나를 얻는 자는 생명을 얻고 여호와께 은총을 얻을 것임이니라 36 그러나 나를 잃는 자는 자기의 영혼을 해하는 자라 나를 미워하는 자는 사망을 사랑하느니라

■ 영어필사노트

_____

_____

_____

_____

_____

_____

_____

_____

_____

_____

_____

_____

_____

_____

_____

_____

_____

_____

_____

_____

_____

■ 영어낭독실천

☑ 순서

낭독녹음 저장 → 카페 접속 → 녹음파일 업로드 → 응원댓글달기

▷ 낭독실천가이드

☑ Check-Up   ☐ 녹음파일 업로드   ☐ 응원댓글달기

9장

Wisdom will reward you

지혜가 너에게 보답할 것이다

Wisdom has built her house
지혜가 집을 지었다

▷ AI원어민 녹음파일

- pillar
  기둥
- prepare
  준비하다
- mix
  섞다
- set one's table
  상을 차리다
- send out
  보내다
- servant
  종, 하인

NIrV 영어원문   ※ /는 낭독을 할 때 의미덩어리 끊어읽기를 하는 곳

1   Wisdom / has built her house.
    She has set up / its seven pillars.

2   She has prepared her meat / and mixed her wine.
    She has also / set her table.

3   She has sent out / her servants.
    She calls out / from the highest point of the city.

4   She says, / "Let all who are childish / come in here!"
    She speaks to those / who have no sense. She says, /

5   "Come / and eat my food. Drink the wine / I have mixed.

NIrV 한글번역

¹ 지혜가 집을 지었다. 일곱 기둥을 세웠다. ² 그녀는 고기를 준비하고 포도주를 섞었다. 또 상을 차렸다. ³ 그녀는 종들을 보냈다. 성읍의 가장 높은 곳에서 외친다. ⁴ 그녀가 말하기를, "철없는 자들아 다 이리 오라!" 그녀가 분별 없는 사람들에게 말하기를, ⁵ "와서 내 음식을 먹어라. 내가 섞은 포도주를 마셔라.

개역개정판 성경

¹ 지혜가 그의 집을 짓고 일곱 기둥을 다듬고 ² 짐승을 잡으며 포도주를 혼합하여 상을 갖추고 ³ 자기의 여종을 보내어 성중 높은 곳에서 불러 이르기를 ⁴ 어리석은 자는 이리로 돌이키라 또 지혜 없는 자에게 이르기를 ⁵ 너는 와서 내 식물을 먹으며 내 혼합한 포도주를 마시고

■ 영어필사노트

■ 영어낭독실천

▷ 낭독실천가이드

☑ 순서

낭독녹음 저장 → 카페 접속 → 녹음파일 업로드 → 응원댓글달기

☑ Check-Up   ☐ 녹음파일 업로드   ☐ 응원댓글달기

Leave your childish ways
철없는 길에서 떠나라

▷ AI원어민 녹음파일

· laugh at
비웃다

· get hurt
다치다

· become even wiser
더욱 지혜로워 지다

NIrV 영어원문   ※ /는 낭독을 할 때 의미덩어리 끊어읽기를 하는 곳

6   Leave your childish ways / and / you will live.
    Walk in the way of understanding.

7   When you correct someone / who makes fun of others, / you might
    be laughed at.
    When you warn a sinner, / you might get hurt.

8   Don't warn / those who make fun of others, / or / they will hate you.
    Warn / those who are wise, / and / they will love you.

9   Teach a wise person, / and / they will become / even wiser.
    Teach a person / who does right, / and / they will learn / even more.

NIrV 한글번역

⁶ 철없는 길에서 떠나라. 그리하면 살리라. 깨달음의 길로 걸어가라. ⁷ 남을 조롱하는 사람을 바로 잡으려 하면 비웃음을 당할 수 있다. 악인에게 경고하면 다칠 수도 있다. ⁸ 다른 사람을 조롱하는 자들에게 경고하지 마라. 그렇지 않으면 그들이 너를 미워하리라. 지혜로운 사람들에게 경고하라. 그러면 그들이 너를 사랑하리라. ⁹ 지혜로운 사람을 가르쳐라. 그러면 그들이 더욱 지혜로워 지리라. 옳은 일을 하는 사람을 가르쳐라. 그러면 그들이 더 많이 배우리라.

개역개정판 성경

⁶ 어리석음을 버리고 생명을 얻으라 명철의 길을 행하라 하느니라 ⁷ 거만한 자를 징계하는 자는 도리어 능욕을 받고 악인을 책망하는 자는 도리어 흠이 잡히느니라 ⁸ 거만한 자를 책망하지 말라 그가 너를 미워할까 두려우니라 지혜 있는 자를 책망하라 그가 너를 사랑하리라 ⁹ 지혜 있는 자에게 교훈을 더하라 그가 더욱 지혜로워질 것이요 의로운 사람을 가르치라 그의 학식이 더하리라

■ 영어필사노트

_____
_____
_____
_____
_____
_____
_____
_____
_____
_____
_____
_____
_____
_____
_____
_____
_____
_____
_____
_____
_____

■ 영어낭독실천

▷ 낭독실천가이드

☑ 순서

낭독녹음 저장 → 카페 접속 → 녹음파일 업로드 → 응원댓글달기

☑ Check-Up ☐ 녹음파일 업로드 ☐ 응원댓글달기

Wisdom will reward you.
지혜가 네게 상을 주리라

▷ AI원어민 녹음파일

- the Holy One
  거룩하신 분, 주님
- add
  더하다
- suffer
  고통을 받다
- the woman called ~
  ~라고 불리는 여자
- control oneself
  자신을 다스리다

NIrV 영어원문   ※ /는 낭독을 할 때 의미덩어리 끊어읽기를 하는 곳

10 If you want to become wise, / you must begin / by respecting the Lord.
    To know the Holy One / is to gain understanding.

11 Through wisdom, / you will live a long time.
    Years will be added / to your life.

12 If you are wise, / your wisdom / will reward you.
    If you make fun of others, / you alone / will suffer.

13 The woman called Foolishness / is loud.
    She doesn't control herself.
    She doesn't know anything.

NIrV 한글번역

10 지혜롭게 되고 싶다면 먼저 주님을 공경하는 것부터 시작해야 한다. 거룩하신 분을 아는 것은 바로 깨달음을 얻는 것이다. 11 지혜를 통해 네가 오래 살 것이다. 네 삶에 몇 년이 더해지리라. 12 네가 지혜로우면 너의 지혜가 상을 줄 것이다. 남을 조롱하면 너 혼자 고통을 받으리라. 13 어리석음이라고 불리는 여자는 시끄럽다. 그녀는 자신을 다스리지 못한다. 그녀는 아무것도 모른다.

개역개정판 성경

10 여호와를 경외하는 것이 지혜의 근본이요 거룩하신 자를 아는 것이 명철이니라 11 나 지혜로 말미암아 네 날이 많아질 것이요 네 생명의 해가 네게 더하리라 12 네가 만일 지혜로우면 그 지혜가 네게 유익할 것이나 네가 만일 거만하면 너 홀로 해를 당하리라 13 미련한 여인이 떠들며 어리석어서 아무것도 알지 못하고

■ 영어필사노트

■ 영어낭독실천

☑ 순서

낭독녹음 저장 → 카페 접속 → 녹음파일 업로드 → 응원댓글달기

☑ Check-Up   ☐ 녹음파일 업로드   ☐ 응원댓글달기

Food eaten in secret tastes good!
몰래 먹는 음식이 맛있다!

▷ AI원어민 녹음파일

VOCA
CHECK

· pass by
  지나가다
· go on one's way
  길을 가다
· straight
  곧장
· stolen
  훔친
· in secret
  비밀리에, 몰래
· taste good
  맛있다

NIrV 영어원문   ※ /는 낭독을 할 때 의미덩어리 끊어읽기를 하는 곳

14 She sits at the door / of her house.
    She sits at the highest point / of the city.

15 She calls out / to those who pass by.
    She calls out / to those / who go straight on their way. She says,/

16 "Let all who are childish / come in here!"
    She speaks to those / who have no sense.

17 She says, / "Stolen water is sweet.   Food / eaten in secret / tastes
    good!"

18 But they don't know / that dead people are there.
    They don't know / that her guests / are in the deepest parts / of the
    grave.

NIrV 한글번역

¹⁴ 그녀가 집 문 앞에 앉아있다. 성읍의 꼭대기에 앉아 있다. ¹⁵ 그녀는 지나가는 사람들에게 외친다. 곧장 길을 가는 사람들에게 외친다. 그녀가 말하기를, ¹⁶ "철없는 자들아 다 이리 오라!" 그녀는 분별 없는 사람들에게 말한다. ¹⁷ 그녀가 말하기를, "훔친 물은 달다. 몰래 먹는 음식이 맛있다!" ¹⁸ 그러나 그들은 죽은 사람들이 거기에 있다는 것을 알지 못한다. 그녀의 손님들이 무덤 가장 깊은 곳에 있다는 것을 모른다.

개역개정판 성경

¹⁴ 자기 집 문에 앉으며 성읍 높은 곳에 있는 자리에 앉아서 ¹⁵ 자기 길을 바로 가는 행인들을 불러 이르되 ¹⁶ 어리석은 자는 이리로 돌이키라 또 지혜 없는 자에게 이르기를 ¹⁷ 도둑질한 물이 달고 몰래 먹는 떡이 맛이 있다 하는도다 ¹⁸ 오직 그 어리석은 자는 죽은 자들이 거기 있는 것과 그의 객들이 스올 깊은 곳에 있는 것을 알지 못하느니라

■ 영어필사노트

■ 영어낭독실천

☑ 순서

낭독녹음 저장 → 카페 접속 → 녹음파일 업로드 → 응원댓글달기

☑ Check-Up

☐ **녹음파일 업로드** ☐ **응원댓글달기**

폰을 원어민으로 변신시켜
영어말하기미션 게임하는 법

준비물	핸드폰 + 영어미션표 + 타이머

게임방법

1. 핸드폰에서 **구글 어시스턴트 앱을 실행**하고,
Flip a coin이라고 말해 플레이 순서를 결정한다.

※ 구글플레이/앱스토어에서 구글 어시스턴트 앱을 무료로 다운받을 수 있음.

▷ 게임 가이드

2. 타이머를 작동시킨 후,
첫 플레이어가 구글 어시스턴트에게 아래 중 하나를 말하고,
AI원어민이 숫자를 말해주면,
영어미션표의 숫자에 해당하는 **낭독미션을 수행**한다.

- Roll a die 또는 Roll 2/3/4 dice
- Random number X to Y(예: Random number 1 to 24)

3. 미션에 성공한 경우, 영어미션표에 표시된 점수를 얻으며, 그 점수를 기록한다.
실패한 경우엔, 다음 플레이어에게 기회가 넘어간다.

4. 이런 식으로 **플레이 순서에 따라 게임**을 계속한다.

※ 1라운드 게임시간: 5~10분

5. 게임 종료 후, **가장 많은 점수**를 얻은 플레이어가 Winner!

사용시 주의 사항

구글 어시스턴트에서는 꼭 4색 아이콘이 움직이는 것을 확인 후 말한다!

영어미션표

DOUBLE	MINUS10	PASS	ENCORE
현재점수×2	10점 빼기	차례 넘기기	한번 더하기

▷ PDF인쇄하기

📢 **Repeat after me**

다음의 3개 의미단위들을 조합해 문장으로 말하세요!

1. Repeat after me, "guard + above everything else + your heart" [3]
2. **MINUS10**
3. Sing Happy Birthday [1]
4. Repeat after me, "lift you up + and she will + value wisdom" [3]
5. Make a fart sound [2]
6. Repeat after me, "by having respect for the Lord + if you really want to gain knowledge + you must begin" [4]
7. Play Rock, Paper, Scissors [2]
8. Bark like a dog [2]
9. Repeat after me, "a man's ways + the Lord + watches" [3]
10. Repeat after me, "to pay up + don't agree + for someone else" [3]
11. **PASS**
12. How do you spell "McDonald"? [2]
13. Repeat after me, "what you have said + by + don't be trapped" [3]
14. Random alphabet [1]
15. Hello, glad to meet you! [2]
16. Repeat after me, "to hate evil + is + to have respect for the Lord" [3]
17. Repeat after me, "from the ways + wisdom will save you + of evil men" [4]
18. Tickle, tickle [2]
19. **DOUBLE**
20. Repeat after me, "your wisdom + if you are wise + will reward you" [3]
21. **ENCORE**
22. Repeat after me, "who are worthy of it + from those + don't hold back good" [4]
23. Can you count to 10? [2]
24. What's the time? [1]

153

암송하면 좋은
Repeat after me

문장 10
[Book 1]

1. If you really want to gain knowledge, you must begin by having respect for the Lord. (1:7)

2. Wisdom will save you from the ways of evil men. (2:12)

3. Don't hold back good from those who are worthy of it. (3:27)

4. Value wisdom, and she will lift you up. (4:8)

5. Above everything else, guard your heart. (4:23)

6. The Lord watches a man's ways. (5:21)

7. Don't agree to pay up for someone else. (6:1)

8. Don't be trapped by what you have said. (6:2)

9. To have respect for the Lord is to hate evil. (8:13)

10. If you are wise, your wisdom will reward you. (9:12)

문장 30
[Book 1+2+3]

1. If you really want to gain knowledge, you must begin by having respect for the Lord. (1:7)

2. Wisdom will save you from the ways of evil men. (2:12)

3. Don't hold back good from those who are worthy of it. (3:27)

4. Value wisdom, and she will lift you up. (4:8)

5. Above everything else, guard your heart. (4:23)

6. The Lord watches a man's ways. (5:21)

7. Don't agree to pay up for someone else. (6:1)

8. Don't be trapped by what you have said. (6:2)

9. To have respect for the Lord is to hate evil. (8:13)

10. If you are wise, your wisdom will reward you. (9:12)

11. Those who talk a lot are likely to sin. (10:19)

12. When pride comes, shame follows. (11:2)

13. Some give freely but get even richer. (11:24)

14. Anyone who walks with wise people grows wise. (13:20)

15. All hard work pays off. (14:23)

16. A peaceful heart gives life to the body. (14:30)

17. Plans fail without good advice. (15:22)

18. The Lord decides where your steps will take you. (16:9)

19. To answer before listening is foolish and shameful. (18:13)

20. Your tongue has the power of life and death. (18:21)

21. Wise people see danger and go to a safe place. (22:3)

22. Don't go around with a person who gets angry easily. (22:24)

23. Don't wear yourself out to get rich. (23:4)

24. A man who argues stirs up fights. (26:21)

25. Don't brag about tomorrow. (27:1)

26. Being warned openly is better than being loved in secret. (27:5)

27. As iron sharpens iron, so one person sharpens another. (27:17)

28. A man is tested by the praise he receives. (27:21)

29. Anyone who chases dreams will be very poor. (28:19)

30. A wise person keeps himself under control. (29:11)

[교회 공지]
주일학교 프로그램이 궁금해요.

궁금증 1.

**주일학교에서도
이 책을
사용할 수 있나요?**

네. 가능합니다.
책의 기획 단계부터 주일학교 프로그램 운영을 염두에 두었습니다.
특히 이 책을 주일학교 교사들이 효과적으로 활용하면,
코로나 이후 교육 트렌드인 대면과 비대면을 혼합한 '블렌디드 러닝'을
실행할 수 있습니다.

궁금증 2.

**그럼 어떻게
시작하면 되나요?**

먼저 워크숍 형식의 설명회에 참석하세요.
그래서 자세한 내용을 들은 후 결정하면 됩니다.
또 실행 결정을 위한 멘토링 상담도 해드립니다.

궁금증 3.

**교사 교육과
커리큘럼도
제공되나요?**

네. 만약 실행을 결정하셨다면,
운영 및 커리큘럼 수립에 필요한 맞춤형 자문을 해드립니다.
또 신입 및 보수 교사 교육도 정기적으로 제공합니다.

궁금증 4.

5060 시니어 성도들도 참여가 가능한가요?

네. 저출산 고령화를 겪고 있는 서구와 일본의 요즘 화두는
'멀티-제너레이션' 즉 세대간 어울림입니다.
즉 시니어 세대가 어린이들과 소통하며 즐기는 놀이보육이 트렌드입니다.
이처럼 시니어 성도들이 티처가 아니라 멘토가 되어
어린이들과 교류하는 프로그램은 시대적 요청이기도 합니다.
그런데 이것이 가능하려면 체계적인 시스템과 교육 서포트가 필수인데
이를 적극 도와드립니다.

궁금증 5.

주일학교 활성화에 도움이 될까요?

네. 21세기의 교회 미션은
'지역 사회에 선한 영향력을 끼치는 것'이라고 믿습니다.
영어필사낭독과 삶의 지혜가 담긴 잠언을 결합한 특화된 영어 프로그램은
지역 내 비신자 부모들에게도 어필할 수 있는 좋은 전도 도구가 될 것입니다.

문의

워크숍 설명회 참석 문의는 ☎031)959-8833 으로 전화바랍니다.

아시아
Asia

유럽
Europe

아프리카
Africa

인도양
Indian
Ocean

오세아니아
Oceania

북아메리카
North America

북극해
Arctic Ocean

대서양
Atlantic Ocean

태평양
Pacific Ocean

남아메리카
South America

남극해
Southern Ocean